AF091617

DISCLAIMER

The author and publisher are providing this book and its contents on an "as is" basis and make no representations or warranties of any kind with respect to this book or its contents. The author and publisher disclaim all such representations and warranties, including but not limited to warranties of merchantability. In addition, the author and publisher do not represent or warrant that the information accessible via this book is accurate, complete, or current.

Except as specifically stated in this book, neither the author nor publisher, nor any authors, contributors, or other representatives will be liable for damages arising out of or in connection with the use of this book. This is a comprehensive limitation of liability that applies to all damages of any kind, including (without limitation) compensatory; direct, indirect, or consequential damages; loss of data, income, or profit; loss of or damage to property; and claims of third parties.

BESTACTIVITYBOOKS.COM

FIRST EDITION - Published 2022

Extra Graphic Material From: www.freepik.com
Thanks to: Alekksall, Starline, Pch.vector, Rawpixel.com, Vectorpocket, Dgim-studio, Upklyak, Macrovector, Stockgiu, Pikisuperstar & Freepik.com Designers

GET
YOUR
BONUS
CODE: WSBONUS20
FREE

5 TIPS TO START!

1) HOW TO SOLVE

The Puzzles are in a Classic Format:

- Words are hidden without breaks (no spaces, dashes, ...)
- Orientation: Forward & Backward, Up & Down or in Diagonal (can be in both directions)
- Words can overlap or cross each other

2) ACTIVE LEARNING

To encourage learning actively, a space is provided next to each word to write down the translation. The **DICTIONARY** allows you to verify and expand your knowledge. You can look up and write down each translation, find the words in the Puzzle then add them to your vocabulary!

3) TAG YOUR WORDS

Have you tried using a tag system? For example, you could mark the words which have been difficult to find with a cross, the ones you loved with a star, new words with a triangle, rare words with a diamond and so on...

4) ORGANIZE YOUR LEARNING

We also offer a convenient **NOTEBOOK** at the end of this edition. Whether on vacation, travelling or at home, you can easily organize your new knowledge without needing a second notebook!

5) FINISHED?

Go to the bonus section: **MONSTER CHALLENGE** to find a free game offered at the end of this edition!

Want more fun and learning activities? It's Fast and Simple!
An entire Game Book Collection just one click away!

Find your next challenge at:

BestActivityBooks.com/MyNextWordSearch

Ready, Set... Go!

Did you know there are around 7,000 different languages in the world? Words are precious.

We love languages and have been working hard to make the highest quality books for you. Our ingredients?

A selection of indispensable learning themes, three big slices of fun, then we add a spoonful of difficult words and a pinch of rare ones. We serve them up with care and a maximum of delight so you can solve the best word games and have fun learning!

Your feedback is essential. You can be an active participant in the success of this book by leaving us a review. Tell us what you liked most in this edition!

Here is a short link which will take you to your order page.

<u>BestBooksActivity.com/Review50</u>

Thanks for your help and enjoy the Game!

Linguas Classics Team

1 - Antiques

キ	ゲ	リ	影	び	イ	ハ	レ	撮	釣	動	品	エ	エ	家
オ	ー	セ	ン	テ	ィ	ッ	ク	ズ	ン	リ	ャ	法	ハ	具
真	リ	魔	イ	み	ギ	ム	ダ	活	物	ク	パ	価	喜	ラ
芸	猟	ー	コ	影	ャ	グ	り	リ	彫	ル	興	動	格	ル
ー	物	ハ	レ	ン	ラ	ゲ	ゼ	書	活	刻	レ	り	リ	プ
写	品	ハ	ハ	レ	リ	イ	パ	ジ	書	味	ン	動	写	パ
ャ	質	パ	法	陶	ー	リ	エ	ュ	ジ	喜	書	競	売	写
キ	釣	ク	ク	魔	書	グ	ゼ	書	喜	ム	ズ	み	珍	ダ
ャ	ル	読	ス	タ	イ	ル	数	復	世	ー	狩	絵	し	狩
ラ	ズ	興	ム	読	グ	シ	十	元	芸	紀	釣	ル	い	び
エ	ハ	シ	値	ャ	イ	イ	年	狩	ク	編	レ	魔	活	投
レ	写	真	エ	古	エ	魔	ゼ	ク	影	び	ア	ー	ト	資
ガ	ー	シ	釣	い	ン	イ	興	魔	装	真	法	活	パ	法
ン	リ	物	猟	り	芸	絵	狩	狩	飾	園	リ	ャ	パ	ラ
ト	芸	影	エ	真	法	グ	品	編	ャ	猟	芸	ク	ク	活

アート
競売
オーセンティック
世紀
コイン
数十年
装飾
エレガント
家具
ギャラリー
投資
ジュエリー
古い
価格
品質
復元
彫刻
スタイル
珍しい

2 - Food #1

魔	り	梨	ラ	カ	園	ハ	品	物	園	オ	オ	ム	ギ	ジ
レ	品	活	法	ブ	シ	ナ	モ	ン	び	陶	書	写	ム	ス
キ	レ	釣	活	リ	砂	糖	法	モ	物	レ	ゼ	ャ	品	ー
シ	ゲ	ジ	撮	グ	ム	書	リ	レ	ア	ャ	魔	ジ	絵	プ
キ	ル	ジ	魔	読	ム	プ	み	ル	プ	レ	イ	シ	猟	ズ
ジ	ム	ゲ	パ	パ	ダ	興	品	園	リ	グ	レ	グ	園	猟
ツ	ナ	苺	ジ	ュ	ー	ス	シ	ゼ	コ	法	真	猟	書	シ
芸	ゲ	活	絵	ダ	読	み	ほ	ゲ	ッ	法	書	ム	釣	サ
落	ハ	撮	に	み	魔	シ	う	び	ト	ハ	品	ル	興	ラ
ム	花	動	法	ん	ク	法	れ	ニ	ン	ニ	ク	ル	ミ	ダ
バ	ゲ	生	読	リ	じ	画	ん	喜	物	魔	猟	キ	り	エ
ジ	魔	ー	ラ	ル	真	ん	草	ー	シ	玉	ク	ゼ	真	画
ル	園	ハ	リ	ャ	真	ム	絵	ラ	塩	葱	ク	活	シ	シ
ダ	イ	真	ダ	レ	真	影	釣	味	ゲ	ャ	品	キ	シ	活
影	活	び	画	ゼ	リ	法	編	編	影	真	パ	釣	喜	ン

アプリコット
オオムギ
バジル
にんじん
シナモン
ニンニク
ジュース
レモン
ミルク

玉葱
落花生
サラダ
スープ
ほうれん草
砂糖
ツナ
カブ

3 - Measurements

ラ	イ	ン	チ	喜	重	高	影	影	園	幅	ル	狩	園	ク
プ	物	真	セ	レ	さ	さ	猟	園	ハ	ャ	イ	ク	ム	品
び	ダ	編	キ	ン	長	レ	ゲ	り	編	味	ル	ダ	写	パ
ハ	ゲ	シ	ロ	ト	チ	分	ゲ	画	編	品	読	ー	絵	エ
撮	動	読	メ	喜	動	メ	キ	ロ	グ	ラ	ム	レ	品	狩
真	絵	ム	ー	ュ	リ	ボ	ー	猟	芸	レ	シ	品	キ	レ
リ	読	プ	ト	グ	ラ	ム	書	ト	ル	読	エ	芸	芸	ャ
園	読	影	ル	興	バ	イ	ト	ズ	ル	ト	ッ	リ	陶	キ
喜	物	狩	味	興	リ	画	影	ク	エ	ラ	エ	法	ン	味
猟	魔	ク	猟	物	釣	読	陶	写	法	読	編	び	み	ラ
品	ジ	オ	質	活	み	深	メ	ー	タ	ー	小	数	猟	法
魔	ャ	猟	ン	量	ラ	さ	イ	陶	読	真	シ	ゼ	味	ゼ
読	狩	芸	味	ス	ハ	物	喜	書	イ	真	ル	ジ	ハ	度
読	シ	活	ク	ム	芸	プ	法	ル	ズ	物	編	味	芸	陶
ゼ	ハ	興	法	園	み	書	プ	び	画	品	狩	影	物	ダ

バイト
センチメートル
小数
深さ
グラム
高さ
インチ
キログラム
キロメートル
長さ
リットル
質量
メーター
オンス
トン
ボリューム
重さ

4 - Farm #2

写	り	ハ	ズ	イ	猟	物	写	り	ゲ	釣	写	ラ	キ	シ
品	影	園	法	ゼ	味	ャ	画	ゲ	狩	狩	シ	動	ズ	ジ
釣	ゼ	狩	パ	撮	喜	レ	編	書	書	ン	ジ	喜	撮	園
ル	動	喜	灌	影	味	ク	レ	ー	撮	物	魔	魔	ン	イ
ゼ	シ	編	漑	ン	ル	写	キ	り	子	グ	陶	ゲ	猟	魔
ギ	グ	ア	フ	ル	ー	ツ	食	動	羊	興	真	読	書	り
ム	ラ	ヒ	リ	レ	ハ	コ	ベ	物	狩	グ	ー	魔	画	牧
オ	ク	ル	ミ	法	写	グ	物	陶	芸	興	プ	小	書	草
オ	ー	画	物	真	ャ	羊	写	ン	農	ジ	読	麦	興	地
ゲ	ル	チ	真	ン	魔	ズ	絵	ゲ	家	画	エ	パ	レ	喜
野	釣	納	ャ	編	ン	ム	法	み	読	エ	り	芸	芸	風
物	菜	屋	動	ー	ゲ	エ	ダ	シ	パ	ク	味	ク	ラ	車
猟	書	ジ	動	ズ	ド	レ	び	興	ゲ	釣	ゲ	読	り	ダ
羊	飼	い	ラ	マ	ト	ラ	ク	タ	ー	ゼ	ー	猟	ャ	活
り	活	真	物	編	レ	み	味	ン	狩	ー	ズ	ャ	パ	ゲ

動物
オオムギ
納屋
コーン
アヒル
農家
食べ物
フルーツ
灌漑
子羊
ラマ
牧草地
ミルク
オーチャード
羊飼い
トラクター
野菜
小麦
風車

5 - Books

キ	関	ム	ズ	パ	エ	文	学	小	説	コ	び	レ	ジ	ン
ャ	ク	連	冒	険	絵	編	画	法	ズ	レ	エ	ジ	ダ	画
ラ	園	陶	す	魔	ム	著	猟	ダ	ハ	ク	編	ラ	ル	ル
ク	ク	物	パ	る	詩	者	真	読	園	シ	グ	リ	釣	書
タ	ス	猟	み	キ	び	猟	芸	編	ゲ	ョ	興	味	ダ	動
ー	ラ	活	物	歴	ハ	編	活	園	魔	ン	喜	り	魔	真
ダ	モ	ゼ	ン	史	画	ラ	撮	興	書	画	ラ	喜	リ	レ
ペ	ー	ジ	物	的	ス	ト	ー	リ	ー	み	ゼ	キ	ル	ダ
興	ユ	ム	法	書	劇	リ	物	グ	ー	園	園	ル	ー	ゲ
味	ジ	パ	パ	か	ズ	悲	パ	園	猟	物	物	ゼ	タ	レ
エ	ピ	ッ	ク	れ	み	ン	ダ	法	び	ニ	シ	リ	ー	ズ
ラ	猟	ハ	物	た	書	ン	陶	ム	物	キ	重	編	レ	狩
魔	園	ン	動	園	猟	エ	ン	影	発	真	真	性	ナ	魔
レ	り	法	興	喜	プ	ズ	ム	魔	明	み	狩	読	者	書
興	撮	レ	編	画	猟	り	影	ル	動	ラ	品	読	物	芸

冒険
著者
キャラクター
コレクション
二重性
エピック
歴史的
ユーモラス
発明
文学
ナレーター
小説
ページ
読者
関連する
シリーズ
ストーリー
悲劇的
書かれた

6 - Meditation

明	快	撮	自	グ	物	動	き	真	り	親	パ	り	品	物
ク	プ	レ	然	編	ン	釣	品	園	沈	黙	切	グ	ゼ	絵
学	ぶ	た	め	に	謝	影	び	ダ	物	味	リ	真	園	音
魔	品	パ	絵	画	感	情	み	ハ	キ	ゼ	ハ	リ	ル	楽
動	ジ	陶	画	陶	品	ク	喜	ン	物	ハ	ラ	リ	み	画
受	け	入	れ	リ	キ	ゼ	ダ	園	ン	書	物	園	芸	狩
読	ゼ	写	ダ	品	ゼ	ー	プ	魔	芸	画	編	狩	ゲ	ラ
ラ	パ	釣	ャ	喜	ル	撮	陶	ズ	猟	活	活	工	物	影
陶	動	ー	影	み	画	り	ゼ	ャ	ル	園	イ	ジ	び	リ
編	グ	編	ス	物	読	イ	芸	ル	法	味	レ	釣	写	撮
陶	シ	注	意	ペ	ダ	エ	び	タ	習	喜	平	呼	吸	ム
思	い	や	り	味	ク	マ	イ	ン	ド	慣	和	プ	リ	ク
撮	動	ク	ル	イ	写	テ	ム	メ	釣	観	察	リ	ダ	ー
ダ	思	興	狩	り	陶	ジ	ィ	味	み	工	釣	ゼ	み	ル
パ	考	法	品	魔	び	猟	イ	ブ	イ	ゲ	み	パ	ル	狩

受け入れ
注意
呼吸
明快
思いやり
感情
感謝
習慣
親切
メンタル
マインド
動き
音楽
自然
観察
平和
パースペクティブ
沈黙
思考
学ぶために

7 - Days and Months

セ	ー	ダ	ジ	レ	エ	法	芸	ラ	ク	シ	狩	狩	法	喜
ハ	プ	ゲ	影	ダ	イ	ー	釣	び	狩	法	キ	エ	リ	品
み	ク	テ	ハ	編	プ	り	キ	木	行	進	魔	パ	書	イ
真	ー	書	ン	写	リ	り	ゲ	曜	ハ	猟	ハ	ャ	影	品
園	ジ	味	ン	バ	ル	六	月	日	曜	火	園	ク	工	画
芸	イ	絵	狩	魔	ー	ク	物	曜	写	芸	ハ	活	ク	味
書	キ	読	イ	レ	ダ	編	プ	金	グ	ジ	影	ル	狩	ム
ジ	喜	動	品	画	ン	絵	絵	ダ	グ	り	画	興	ン	ゲ
影	写	り	活	キ	レ	十	喜	写	興	物	魔	絵	び	狩
キ	イ	物	法	喜	カ	一	活	釣	園	影	画	ラ	写	ー
ゲ	釣	法	撮	日	曜	月	二	ダ	ラ	味	ダ	日	曜	日
ム	物	り	日	曜	水	七	影	び	週	年	法	法	プ	シ
ハ	み	読	シ	土	ジ	喜	写	絵	読	猟	び	ラ	活	動
月	五	ム	り	写	興	イ	ズ	パ	イ	真	り	シ	写	ル
八	釣	読	ク	園	魔	釣	み	釣	イ	パ	プ	写	興	ラ

エイプリル
八月
カレンダー
二月
金曜日
七月
六月
行進
五月

月曜日
十一月
土曜日
セプテンバー
日曜日
木曜日
火曜日
水曜日

8 - Energy

動	猟	読	園	読	陶	デ	絵	ジ	ャ	ダ	猟	喜	読	活
タ	ー	ビ	ン	ゲ	電	ズ	ィ	活	喜	り	書	グ	び	釣
園	真	興	ジ	興	気	編	真	ー	ピ	ロ	ト	ン	エ	陶
イ	ラ	ラ	ン	画	活	魔	園	写	ゼ	活	み	釣	み	狩
イ	ル	ク	エ	画	法	編	編	ハ	ム	ル	ン	キ	シ	シ
ガ	ソ	リ	ン	モ	ー	タ	ー	品	編	絵	ハ	法	核	芸
読	ラ	業	界	び	編	ズ	品	活	光	写	興	ゲ	喜	撮
法	真	ム	ズ	味	撮	び	ズ	ゼ	品	子	真	キ	ル	読
狩	水	影	狩	ズ	動	ジ	書	陶	法	電	味	魔	ム	陶
興	素	炭	法	び	キ	ャ	レ	ー	イ	編	ル	ー	活	書
レ	喜	芸	写	ダ	撮	絵	ラ	撮	シ	釣	熱	魔	釣	エ
パ	味	ャ	ル	シ	芸	魔	ー	品	エ	陶	法	興	編	猟
燃	料	リ	書	ン	ズ	陶	活	プ	ク	再	生	可	能	ラ
釣	読	画	エ	汚	真	ハ	電	み	狩	び	ハ	環	味	書
狩	ゼ	プ	ル	染	風	釣	グ	池	ジ	ク	物	境	物	グ

電池
炭素
ディーゼル
電気
電子
エンジン
エントロピー
環境
燃料
ガソリン
水素
業界
モーター
光子
汚染
再生可能
タービン

9 - Chess

陶	書	園	絵	ブ	学	ぶ	た	め	に	り	相	品	法	ラ
ル	エ	ラ	陶	ポ	ラ	猟	ル	品	ン	ン	手	ラ	撮	陶
ン	影	園	狩	イ	び	ッ	プ	読	リ	絵	リ	物	ジ	ラ
活	ン	オ	ピ	ン	ャ	チ	ク	パ	ッ	シ	ブ	画	ゲ	ゲ
真	戦	略	ジ	ト	動	ゲ	白	い	釣	ゲ	プ	ン	賢	ル
グ	撮	影	レ	エ	ハ	撮	品	狩	園	み	ラ	ル	い	品
ゲ	真	り	ラ	魔	ー	エ	狩	エ	対	角	ル	ム	読	影
ム	ー	真	パ	パ	猟	グ	ト	ー	リ	ズ	陶	ー	芸	ン
撮	芸	ズ	撮	レ	ゲ	喜	ー	ヤ	ー	レ	プ	ゲ	ル	園
ル	ハ	課	真	レ	ゼ	ム	ナ	味	撮	ト	画	び	物	読
パ	パ	題	犠	牲	キ	活	メ	園	ジ	書	ス	釣	魔	リ
ム	エ	物	ダ	品	猟	味	ン	狩	ル	ル	プ	テ	園	味
ラ	活	シ	パ	ン	撮	女	ト	時	レ	グ	動	キ	ン	グ
レ	釣	グ	リ	ン	ズ	王	園	間	ク	ハ	味	撮	ラ	コ
キ	物	動	喜	エ	キ	グ	グ	ラ	写	喜	狩	ー	プ	活

ブラック
課題
チャンピオン
賢い
コンテスト
対角
ゲーム
キング
相手
パッシブ
プレーヤー
ポイント
女王
ルール
犠牲
戦略
時間
学ぶために
トーナメント
白い

10 - Archeology

み	ジ	オ	ル	ジ	編	ズ	ダ	び	芸	編	味	ン	ラ	喜
イ	り	ズ	ブ	味	法	り	絵	忘	れ	ら	れ	た	編	ャ
読	喜	プ	教	ジ	ム	影	絵	調	釣	陶	影	ミ	ハ	陶
ジ	ル	エ	授	ク	ェ	ン	パ	査	グ	り	味	ス	ー	器
評	読	ム	ハ	陶	ゼ	ク	骨	結	影	遺	ー	テ	ハ	陶
価	リ	キ	園	動	み	ゼ	ト	果	分	不	物	リ	び	イ
味	猟	陶	読	園	真	画	ム	書	析	明	ム	ー	チ	グ
ゲ	影	画	ハ	ゼ	芸	品	エ	編	ハ	ク	園	時	ゼ	ー
文	明	ル	活	ズ	ム	寺	ダ	ズ	魔	ゼ	り	代	イ	影
研	ズ	化	ム	猟	編	法	写	喜	ャ	編	活	法	猟	編
キ	究	石	ダ	パ	園	猟	ハ	狩	プ	猟	び	墓	動	園
読	ー	者	陶	キ	魔	ー	子	孫	興	グ	法	芸	喜	撮
絵	読	写	エ	り	興	ゲ	ダ	専	み	ゲ	ゲ	ゼ	動	グ
編	読	ク	法	園	物	イ	陶	門	撮	ム	絵	活	読	画
エ	品	読	書	狩	ン	写	レ	家	写	釣	び	ゼ	興	び

分析
文明
子孫
時代
評価
専門家
調査結果
忘れられた
化石
ミステリー
オブジェクト
陶器
教授
遺物
研究者
チーム
不明

11 - Food #2

書	ゼ	編	魔	ブ	ロ	ッ	コ	リ	ー	パ	グ	物	プ	物
魔	ラ	活	書	影	プ	プ	ル	グ	書	パ	ー	リ	編	ム
み	読	ズ	物	芸	陶	法	画	ゼ	陶	味	画	プ	絵	喜
釣	動	興	レ	編	エ	喜	み	ハ	び	魔	ン	イ	釣	プ
画	ャ	ク	興	芸	ン	リ	ハ	ゼ	ラ	イ	ウ	キ	ノ	コ
イ	魚	チ	ク	グ	動	影	セ	ロ	リ	バ	ナ	ナ	チ	グ
イ	ゼ	ダ	ョ	ア	ー	テ	ィ	チ	ョ	ー	ク	興	魔	喜
チ	ズ	ム	ゼ	コ	ヨ	ー	グ	ル	ト	卵	エ	影	ム	猟
ェ	影	編	葡	真	レ	園	レ	ハ	ゲ	キ	編	ダ	ラ	物
リ	ズ	読	萄	キ	み	ー	エ	ム	物	書	撮	小	麦	影
ー	ト	マ	ト	陶	園	魔	ト	ダ	び	興	読	ダ	魔	興
ゼ	ア	ッ	プ	ル	ー	レ	ラ	ダ	イ	写	ジ	画	米	写
真	撮	品	キ	法	チ	ー	ズ	法	撮	真	ゲ	エ	狩	グ
活	ジ	ゲ	園	書	味	茄	子	レ	ン	イ	ズ	読	真	ク
シ	グ	リ	パ	プ	興	ラ	シ	キ	キ	ハ	エ	レ	レ	エ

アップル
アーティチョーク
バナナ
ブロッコリー
セロリ
チーズ
チェリー
チキン
チョコレート
茄子
葡萄
ハム
キウイ
キノコ
トマト
小麦
ヨーグルト

12 - Chemistry

物	書	物	陶	魔	喜	芸	重	画	猟	キ	ー	陶	熱	ダ
魔	写	ク	シ	エ	活	猟	さ	興	び	パ	ャ	猟	キ	物
画	ゼ	動	影	エ	ャ	芸	釣	ル	読	陶	ム	活	魔	ク
園	塩	電	子	触	ー	撮	園	ゼ	品	キ	魔	絵	み	興
ジ	魔	素	炭	媒	撮	ャ	味	絵	レ	シ	興	画	狩	釣
芸	ャ	水	キ	ガ	イ	オ	ン	ー	パ	ン	ン	び	ゼ	パ
編	狩	味	ゲ	ン	ス	ャ	ム	法	園	園	シ	写	猟	み
液	体	温	酸	み	喜	園	猟	喜	喜	芸	り	ラ	キ	レ
ゲ	リ	度	ル	ダ	編	物	真	興	影	ン	り	レ	エ	レ
味	ル	ア	パ	り	キ	キ	猟	ジ	味	び	キ	ア	分	子
真	法	ト	活	ダ	画	ダ	味	狩	撮	影	陶	ル	興	狩
ズ	パ	ミ	編	ダ	写	狩	シ	ダ	ダ	ル	り	カ	書	ー
ゼ	核	ッ	読	活	プ	写	狩	ャ	芸	酸	塩	リ	び	書
写	釣	ク	ン	ル	び	陶	イ	有	機	素	パ	性	ム	園
園	猟	ダ	み	シ	書	キ	物	ズ	編	酵	影	真	り	ー

アルカリ性
アトミック
炭素
触媒
塩素
電子
酵素
ガス
水素
イオン
液体
分子
有機
酸素
温度
重さ

13 - Music

影	ク	芸	り	エ	ハ	魔	味	ハ	魔	陶	リ	リ	ク	パ
法	書	ン	リ	エ	ー	音	シ	ム	バ	ル	ア	魔	ズ	リ
読	ハ	動	歌	手	モ	録	楽	ス	ラ	ー	コ	画	リ	ム
味	ゼ	ハ	動	ャ	ニ	物	レ	家	ー	ラ	パ	狩	狩	動
ム	味	ダ	り	リ	ッ	リ	影	動	ド	書	影	キ	エ	ク
芸	書	ダ	味	書	ク	歌	う	ル	レ	陶	ジ	グ	陶	ッ
編	活	レ	キ	ム	ハ	ル	パ	興	絵	書	び	真	イ	シ
魔	ク	猟	釣	絵	活	真	ラ	シ	ル	芸	ム	オ	ペ	ラ
ン	キ	ラ	ル	り	メ	イ	プ	園	画	り	ー	ル	ハ	ク
法	キ	ラ	物	編	ロ	グ	ン	興	ャ	釣	書	プ	ル	イ
詩	ラ	グ	イ	レ	デ	影	真	書	活	り	び	ル	魔	マ
ム	的	興	ル	写	ィ	ム	真	ゲ	魔	ジ	ル	活	ラ	喜
園	情	ル	カ	ジ	ー	ュ	ミ	真	魔	キ	ル	活	影	キ
影	叙	狩	ー	興	ズ	ク	プ	編	魔	ク	ハ	ム	シ	ャ
リ	芸	影	ボ	園	折	衷	楽	器	陶	ム	ラ	釣	調	和

アルバム
バラード
コーラス
クラシック
折衷
ハーモニック
調和
楽器
叙情的
メロディー
マイク
ミュージカル
音楽家
オペラ
詩的
録音
リズム
歌う
歌手
ボーカル

14 - Family

母	魔	絵	撮	リ	法	動	ハ	ラ	芸	真	物	ー	書	り
ャ	み	読	ハ	ー	真	ン	喜	ン	陶	子	書	ハ	ク	ジ
狩	み	ー	物	子	狩	ク	釣	ム	園	供	編	絵	芸	物
影	ル	物	芸	供	影	園	品	書	ズ	の	興	ル	み	撮
孫	り	パ	レ	魔	動	グ	キ	び	味	頃	魔	先	ハ	活
子	供	達	読	ラ	活	真	エ	ム	真	叔	母	祖	父	叔
エ	エ	ー	書	編	ゼ	芸	活	喜	写	姪	レ	キ	妻	猟
活	写	絵	狩	影	姉	影	興	イ	プ	影	グ	グ	エ	母
父	い	と	こ	陶	ル	妹	狩	エ	エ	画	プ	陶	夫	性
方	ム	レ	ラ	リ	ャ	魔	読	シ	グ	プ	リ	物	リ	ゼ
の	品	り	レ	娘	ク	イ	ル	ゲ	ャ	イ	ン	法	ー	兄
ズ	釣	レ	魔	編	書	リ	ゲ	法	陶	写	味	画	陶	弟
ジ	エ	ル	法	ー	写	シ	芸	画	陶	レ	ダ	釣	シ	パ
り	芸	ズ	り	真	甥	影	ジ	絵	魔	ジ	活	魔	ジ	ー
キ	レ	ン	釣	釣	釣	芸	品	影	影	ラ	ン	写	ジ	狩

祖先
叔母
兄弟
子供
子供の頃
子供達

いとこ
祖父
母性
父方の
姉妹
叔父

15 - Farm #1

農	キ	フ	ヤ	ギ	ー	狩	み	絵	ゼ	絵	ク	陶	ふ	リ
シ	業	ィ	陶	ン	絵	編	種	子	狩	味	喜	レ	く	ル
ダ	水	ー	興	イ	キ	芸	ム	プ	ャ	ダ	書	び	ら	り
喜	影	ル	シ	シ	画	ハ	リ	園	ゲ	ム	興	品	は	へ
エ	品	ド	カ	ラ	ス	牛	物	プ	ク	物	魔	ズ	ぎ	イ
み	ゲ	ク	物	書	園	ハ	ゲ	読	ジ	影	ダ	プ	ラ	ム
肥	ー	イ	り	影	プ	ズ	ダ	み	ズ	ゼ	ダ	読	ラ	び
ゼ	料	ン	絵	り	ラ	撮	興	び	絵	ゲ	り	活	魔	興
写	ジ	グ	ン	シ	ズ	シ	画	蜂	蜜	画	バ	イ	ソ	ン
犬	喜	編	ゼ	ゲ	猫	影	プ	レ	画	味	狩	ロ	味	キ
フ	ェ	ン	ス	読	味	ン	リ	エ	品	読	編	影	ク	チ
猟	ン	シ	真	パ	グ	真	陶	絵	プ	レ	ゲ	イ	ル	影
ラ	狩	写	写	ン	魔	び	レ	プ	レ	ダ	味	ー	書	動
ラ	写	リ	写	ゲ	イ	影	ジ	リ	ズ	ズ	み	パ	ゲ	リ
レ	馬	ン	シ	芸	ダ	影	米	エ	パ	絵	ー	法	編	プ

農業
バイソン
ふくらはぎ
チキン
カラス
ロバ
フェンス

肥料
フィールド
ヤギ
ヘイ
蜂蜜
種子

16 - Camping

園	み	自	シ	猟	エ	ロ	ー	プ	び	撮	パ	キ	書	写
ム	び	然	真	画	ゼ	ダ	ム	真	エ	陶	び	冒	パ	読
味	ゲ	猟	ー	び	エ	活	園	狩	パ	び	ジ	コ	険	狩
木	物	ズ	書	狩	書	編	画	魔	ク	ッ	モ	ン	ハ	猟
キ	ャ	ビ	ン	真	ル	プ	パ	み	絵	芸	動	パ	ム	グ
キ	シ	物	写	ー	ラ	ズ	ム	イ	活	ル	物	ス	読	ゲ
リ	ゼ	書	ン	狩	園	狩	り	グ	魔	陶	ダ	芸	魔	ダ
法	び	楽	芸	動	法	陶	月	園	レ	グ	読	ダ	読	ャ
ン	味	し	味	び	真	カ	イ	ラ	プ	書	狩	シ	影	リ
ラ	び	い	湖	ジ	狩	味	ヌ	森	品	ー	魔	真	魔	ル
パ	シ	エ	み	ハ	帽	絵	品	ー	ダ	興	ム	ダ	影	陶
ゲ	興	撮	絵	ン	子	火	真	ム	リ	釣	真	エ	レ	テ
ゼ	パ	ハ	活	物	狩	ム	山	読	法	ゼ	味	シ	ハ	ン
地	図	真	グ	グ	活	釣	物	撮	動	興	プ	活	狩	ト
昆	虫	絵	み	ゼ	グ	リ	物	編	活	ク	イ	ズ	び	ダ

冒険
動物
キャビン
カヌー
コンパス
楽しい
ハンモック
帽子
狩猟
昆虫
地図
自然
ロープ
テント

17 - Conservation

ー	り	化	ク	撮	品	び	パ	芸	レ	品	ダ	猟	喜	ラ
ー	気	グ	学	有	機	ム	ハ	味	猟	真	緑	猟	ャ	グ
キ	ダ	候	グ	薬	喜	ン	読	陶	陶	リ	興	狩	真	リ
猟	法	写	編	農	品	プ	画	持	写	ゼ	ル	イ	撮	サ
活	ジ	リ	ル	パ	書	猟	び	続	ル	シ	真	画	ク	イ
物	動	ャ	写	キ	ン	み	り	可	編	魔	喜	写	写	ク
ク	ー	動	撮	ン	園	魔	興	能	シ	品	エ	活	ゲ	ル
ダ	猟	絵	物	味	撮	ラ	真	ク	ャ	健	康	魔	活	リ
喜	ル	猟	味	ク	環	陶	懸	芸	陶	ラ	プ	喜	プ	陶
ボ	ラ	ン	テ	ィ	ア	境	念	ー	キ	味	ゲ	ズ	読	画
ナ	チ	ュ	ラ	ル	撮	ル	ャ	魔	ラ	陶	キ	削	影	ゼ
活	釣	イ	撮	芸	ジ	撮	動	教	撮	ダ	キ	減	生	ル
汚	染	エ	釣	ー	読	猟	ム	育	ハ	読	シ	法	態	生
ダ	サ	イ	ク	ル	真	水	ー	エ	書	び	パ	み	系	息
ズ	ン	ハ	陶	リ	ズ	ム	園	ゼ	真	り	興	レ	法	地

化学薬品
気候
懸念
サイクル
生態系
教育
環境
生息地
健康
ナチュラル
有機
農薬
汚染
リサイクル
削減
持続可能
ボランティア

18 - Algebra

物	変	グ	ラ	フ	魔	書	釣	芸	パ	ー	ラ	画	園	芸
シ	ズ	数	指	キ	動	画	猟	書	陶	ゲ	喜	ゲ	り	芸
編	真	魔	り	真	マ	ト	リ	ッ	ク	ス	ル	キ	猟	キ
釣	ル	量	キ	書	影	魔	プ	物	写	品	釣	編	イ	絵
画	リ	園	ャ	ハ	ン	イ	編	グ	ー	影	撮	狩	ダ	図
キ	ダ	パ	ー	画	品	レ	エ	ゼ	喜	写	釣	動	番	号
撮	ャ	陶	活	魔	ン	キ	ラ	園	ム	喜	偽	法	園	魔
影	魔	写	芸	活	工	減	算	書	編	味	ム	リ	パ	シ
ン	線	味	リ	ジ	園	陶	ャ	絵	狩	陶	問	題	ー	陶
絵	形	ハ	釣	画	ル	キ	写	ゲ	物	無	限	び	物	釣
式	程	方	単	純	化	ゼ	括	魔	画	プ	解	プ	シ	レ
影	ャ	喜	ル	ラ	猟	ロ	弧	狩	影	ハ	編	決	ゲ	ク
ゲ	興	園	活	ム	分	喜	法	パ	魔	因	ゲ	シ	編	絵
釣	リ	絵	ク	写	数	活	ラ	狩	ル	子	園	グ	ー	び
狩	び	グ	ン	法	品	ゼ	ジ	味	ャ	読	魔	ゲ	ゲ	興

方程式
指数
因子
分数
グラフ
無限
線形
マトリックス
番号
括弧
問題
単純化
解決
減算
変数
ゼロ

19 - Numbers

五	撮	グ	陶	ン	活	ハ	釣	活	芸	狩	レ	り	陶	レ
ン	み	芸	ゲ	ゼ	真	り	ニ	ャ	興	レ	画	読	グ	園
み	編	真	絵	キ	真	撮	物	ル	プ	プ	味	ル	ン	ズ
三	ー	品	ム	読	プ	魔	シ	ハ	ャ	み	ハ	ゲ	絵	喜
物	イ	陶	芸	書	猟	魔	写	リ	グ	ハ	パ	編	絵	動
ダ	興	ハ	ズ	ダ	シ	陶	ハ	ゲ	ゼ	陶	撮	六	ー	ゲ
セ	ブ	ン	テ	ィ	ー	ン	陶	絵	陶	法	ハ	十	ャ	影
小	数	ゲ	写	ゼ	ム	ク	魔	ダ	法	釣	プ	味	二	り
プ	物	ム	ズ	十	十	キ	み	プ	狩	法	エ	ン	陶	活
芸	陶	味	動	八	喜	九	十	ジ	ゼ	十	二	セ	十	撮
撮	ム	ー	ダ	陶	読	レ	四	活	味	プ	ダ	ブ	三	味
ズ	魔	影	影	び	ャ	プ	り	魔	陶	六	芸	ン	魔	ズ
ー	び	興	写	ジ	十	興	編	味	み	ム	品	動	法	リ
絵	編	狩	芸	キ	五	読	法	工	編	園	真	ダ	真	味
写	陶	魔	ダ	写	ム	喜	ャ	プ	ゲ	書	法	画	ゼ	り

小数
十八
十五
十四
十九
セブン
セブンティーン
十六
十三
十二
二十

20 - Spices

グ	ー	び	ム	画	キ	プ	キ	レ	カ	猟	ア	園	写	み
イ	ダ	ム	影	シ	ナ	イ	影	喜	ル	ラ	ニ	バ	び	魔
書	ゲ	ハ	エ	ョ	芸	ツ	猟	写	ダ	ム	ス	ム	イ	読
り	レ	絵	ン	ウ	魔	エ	メ	品	モ	味	画	興	物	味
ム	魔	リ	ー	ガ	ー	シ	ク	グ	ン	ラ	フ	サ	グ	品
フ	ェ	ヌ	グ	リ	ー	ク	ミ	法	モ	ン	魔	狩	味	ラ
味	読	絵	ー	ダ	ン	ラ	ン	び	ナ	パ	シ	パ	み	釣
カ	芸	塩	シ	レ	り	プ	芸	ム	シ	び	プ	動	み	シ
レ	プ	ム	陶	プ	ダ	グ	ダ	ラ	シ	レ	絵	リ	絵	り
ー	ズ	ー	釣	猟	み	み	ハ	ン	ー	喜	ル	ャ	カ	ャ
活	魔	ー	ゼ	興	ャ	写	書	ク	法	ダ	ネ	み	ク	ン
ゼ	味	撮	物	動	読	ゲ	写	味	物	ニ	ン	ニ	ク	釣
甘	い	猟	影	ル	読	グ	興	陶	芸	ー	ェ	ア	り	キ
玉	苦	ン	ジ	書	シ	猟	芸	ル	撮	画	フ	絵	リ	ゲ
葱	ク	ロ	ー	ブ	園	エ	猟	び	ゼ	園	品	興	園	コ

アニス
苦い
カルダモン
シナモン
クローブ
コリアンダー
クミン
カレー
フェンネル
フェヌグリーク
ニンニク
ショウガ
ナツメグ
玉葱
パプリカ
サフラン
甘い
バニラ

21 - Universe

画	陶	天	太	陽	ラ	絵	イ	緯	工	絵	シ	リ	興	喜
ゲ	グ	文	興	絵	狩	ゼ	び	度	ラ	リ	写	陶	ル	興
銀	河	学	天	体	法	ル	ダ	天	び	興	み	味	り	ク
ゲ	絵	者	ダ	ズ	ラ	ク	ラ	文	ャ	み	ダ	ャ	喜	ラ
猟	り	ー	ハ	園	釣	読	ラ	学	地	平	線	影	み	釣
猟	活	み	ク	ル	影	園	ク	空	興	ー	リ	び	狩	ジ
キ	ズ	活	ズ	芸	リ	喜	写	写	イ	書	猟	ャ	エ	シ
イ	動	物	プ	リ	園	リ	狩	目	に	見	え	る	ゼ	ダ
喜	パ	ン	ゲ	コ	魔	編	興	読	び	ー	雰	囲	気	イ
ル	ン	ジ	ジ	興	ズ	撮	ゲ	プ	キ	ハ	画	品	撮	ャ
り	園	画	編	ダ	プ	ミ	イ	動	法	園	プ	画	ハ	ャ
小	惑	星	書	狩	レ	釣	ッ	ズ	び	み	半	リ	赤	ラ
編	狩	法	魔	ゲ	リ	び	プ	ク	魔	ム	球	闇	道	グ
ゲ	陶	月	望	遠	鏡	至	点	ゾ	デ	ィ	ア	ッ	ク	喜
ム	ジ	ダ	活	ズ	猟	ダ	味	び	ム	シ	ダ	ジ	軌	道

小惑星
天文学者
天文学
雰囲気
天体
コズミック
赤道
銀河
半球

地平線
緯度
軌道
太陽
至点
望遠鏡
目に見える
ゾディアック

22 - Mammals

ム	物	ラ	ル	影	園	活	シ	編	ダ	猟	熊	味	釣	園
興	ダ	喜	陶	ン	シ	画	り	興	喜	ン	ラ	プ	ク	ゲ
画	ゼ	キ	ム	レ	マ	物	陶	リ	書	狩	リ	喜	喜	影
キ	ム	釣	陶	キ	ウ	狐	園	ジ	み	ル	ゲ	グ	ハ	活
ゴ	ル	喜	ル	リ	マ	法	ハ	写	み	み	猿	芸	ン	カ
書	リ	真	グ	物	り	ム	ダ	り	書	み	狩	コ	イ	ン
パ	パ	ラ	キ	ジ	羊	写	芸	プ	猫	撮	ン	ヨ	象	ガ
品	み	釣	陶	キ	編	釣	ハ	ャ	ダ	編	品	ー	エ	ル
ダ	ー	陶	動	シ	編	プ	ク	鯨	興	興	狩	テ	園	ー
キ	ン	ジ	び	ゼ	ハ	馬	ン	イ	イ	狼	ゼ	写	エ	バ
ゼ	狩	グ	パ	リ	読	パ	リ	オ	ー	う	さ	ぎ	書	ー
ダ	犬	法	ジ	写	猟	画	キ	リ	イ	ル	カ	レ	法	ビ
陶	真	ャ	パ	撮	活	イ	画	ジ	ン	ラ	パ	ン	喜	エ
編	エ	陶	ジ	ゼ	画	エ	ャ	絵	ブ	ル	芸	編	エ	ハ
味	読	ー	り	興	パ	喜	ル	ゼ	プ	芸	画	シ	イ	シ

ビーバー
ブル
コヨーテ
イルカ
キリン
ゴリラ
カンガルー
ライオン
うさぎ
シマウマ

23 - Bees

生	活	真	喜	動	び	猟	花	ダ	魔	イ	喜	パ	イ	画
態	食	べ	物	プ	レ	猟	粉	煙	物	ー	み	グ	植	物
系	ゲ	編	釣	ラ	芸	レ	媒	り	ー	フ	ワ	ッ	ク	ス
多	様	性	ゲ	ジ	味	み	介	撮	陶	ル	エ	味	蜂	編
ゲ	活	花	み	釣	物	ン	者	ゼ	キ	ー	り	リ	蜜	撮
狩	ラ	プ	粉	有	み	ー	り	活	興	ツ	狩	パ	読	昆
花	ダ	芸	ル	生	益	り	パ	り	釣	絵	物	ラ	ャ	虫
ラ	シ	ゲ	ゼ	息	ゼ	撮	イ	り	読	ズ	絵	物	書	ム
群	れ	味	ラ	地	品	猟	プ	画	キ	画	狩	喜	翼	ハ
ハ	グ	釣	画	影	魔	園	喜	ム	活	ル	ダ	庭	ム	り
釣	ャ	陶	ラ	動	物	ジ	ク	ラ	ゲ	ー	ン	ダ	巣	箱
太	陽	狩	釣	活	釣	び	み	ジ	ジ	味	陶	魔	陶	ダ
釣	女	影	み	ム	魔	撮	ズ	芸	ズ	ジ	リ	撮	ハ	シ
喜	王	イ	ゲ	ク	ー	画	イ	リ	編	ム	撮	ャ	画	撮
写	影	ラ	編	び	び	釣	パ	狩	レ	画	ジ	シ	キ	レ

有益
多様性
生態系
食べ物
フルーツ
生息地
巣箱
蜂蜜

昆虫
植物
花粉
花粉媒介者
女王
太陽
群れ
ワックス

24 - Weather

グ	絵	ジ	パ	芸	そ	活	書	イ	ャ	グ	ク	グ	み	真
雰	囲	気	ダ	真	よ	稲	ト	ロ	ピ	カ	ル	氷	旱	リ
グ	品	撮	物	釣	風	妻	び	パ	撮	法	芸	喜	魃	り
ハ	活	編	絵	ジ	パ	影	編	影	リ	読	ハ	画	編	絵
ハ	ー	み	ズ	味	ル	パ	び	ル	パ	編	ク	ズ	影	ン
編	ル	プ	プ	絵	シ	狩	レ	リ	書	狩	品	空	芸	ゲ
ゲ	ム	ル	撮	陶	竜	巻	霧	狩	ハ	モ	雷	プ	ゲ	釣
狩	レ	ダ	絵	パ	ン	ズ	リ	影	画	イ	ン	動	釣	レ
ル	狩	ラ	撮	魔	雲	リ	ャ	画	絵	興	物	ス	興	法
シ	写	ハ	ゲ	画	ハ	物	パ	絵	ン	動	喜	影	ー	ズ
嵐	キ	編	リ	イ	興	書	釣	ン	釣	ド	ラ	イ	読	ン
極	写	味	絵	ケ	味	気	園	虹	ダ	撮	リ	真	温	ン
性	ム	狩	魔	シ	ー	候	狩	ゼ	活	興	狩	書	喜	度
イ	エ	ゼ	喜	読	み	ン	グ	エ	レ	釣	園	ム	ー	ゼ
パ	動	書	品	魔	書	エ	り	画	ハ	ハ	狩	り	ゼ	味

雰囲気
そよ風
気候
旱魃
ドライ
ハリケーン
稲妻
モンスーン
極性
温度
竜巻
トロピカル

25 - Adventure

安	全	性	ナ	ン	ジ	チ	物	レ	動	友	ダ	書	絵	釣
珍	ジ	び	ビ	リ	エ	ー	ャ	グ	ク	達	プ	自	美	ム
し	び	み	ゲ	課	影	イ	ハ	ン	び	真	み	然	し	ダ
い	喜	ゲ	ー	題	味	真	写	芸	ス	ー	エ	グ	さ	釣
味	ン	レ	シ	レ	ャ	書	ハ	動	品	ク	ク	エ	ゼ	物
シ	グ	レ	ョ	味	絵	ダ	影	ル	興	活	プ	ム	旅	程
喜	ル	ン	ン	喜	び	困	難	影	ズ	エ	活	画	ジ	釣
シ	ク	写	編	ゼ	影	み	レ	シ	魔	ゲ	リ	興	機	狩
レ	パ	味	動	遠	編	法	魔	新	レ	猟	勇	真	陶	会
編	リ	イ	陶	足	び	エ	活	動	着	ゲ	気	ク	ク	動
ジ	び	芸	シ	ゼ	ゲ	書	行	影	興	動	ズ	熱	意	ハ
法	品	活	絵	ク	エ	ラ	き	絵	法	危	編	ゼ	ハ	猟
パ	プ	狩	イ	猟	活	ク	先	編	イ	険	ゼ	動	ー	び
み	ー	写	び	ゼ	画	準	備	釣	陶	な	釣	シ	プ	芸
品	芸	動	ゲ	園	ン	び	影	影	芸	品	猟	ム	活	動

活動
美しさ
勇気
課題
チャンス
危険な
行き先
困難
熱意
遠足

友達
旅程
喜び
自然
ナビゲーション
新着
機会
準備
安全性
珍しい

26 - Restaurant #2

ス	り	ゼ	ン	猟	美	ン	読	ズ	興	撮	真	椅	子	ツ
パ	ケ	ム	塩	魔	味	魔	猟	グ	ル	ス	書	写	シ	ー
イ	ー	シ	影	ャ	し	影	ー	氷	み	影	プ	ル	味	ル
ス	キ	狩	写	真	い	プ	喜	み	み	釣	ク	ー	ォ	フ
ム	影	麺	喜	猟	写	み	活	釣	野	ウ	活	チ	ン	ラ
び	真	ズ	ム	リ	パ	興	グ	魚	菜	シ	ェ	ス	グ	ダ
シ	影	書	ゲ	動	夕	食	ー	動	動	活	グ	イ	ー	ズ
ャ	書	ゼ	味	陶	書	影	水	み	シ	ャ	味	ー	タ	プ
真	動	活	陶	味	読	グ	ズ	み	り	ゲ	サ	ラ	ダ	ー
キ	ジ	ズ	興	狩	ム	味	ク	釣	卵	撮	ク	法	ラ	園
狩	画	物	興	写	活	芸	真	狩	品	釣	活	ダ	み	陶
影	ハ	り	喜	レ	ラ	書	り	イ	ゲ	飲	工	真	ン	シ
レ	影	ハ	ャ	影	ャ	品	画	園	ズ	料	釣	工	ゲ	工
絵	ダ	イ	芸	ク	ズ	編	ム	絵	ル	ム	狩	み	ハ	陶
工	編	釣	キ	味	ズ	イ	読	ラ	狩	猟	ラ	ャ	動	狩

飲料
ケーキ
椅子
美味しい
夕食
フォーク
フルーツ
ランチ
サラダ
スープ
スパイス
スプーン
野菜
ウェイター

27 - Geology

ャ	サ	法	ゲ	溶	り	レ	ー	ム	品	レ	喜	ラ	真	ゼ
編	ズ	イ	ハ	読	岩	火	園	ハ	ゼ	ゼ	編	動	塩	ル
芸	層	パ	ク	園	真	山	酸	シ	喜	真	結	晶	ジ	書
ン	撮	品	釣	ル	ラ	ネ	ミ	狩	ク	ム	キ	釣	び	ル
品	ン	読	絵	リ	喜	画	ジ	活	ン	シ	み	魔	猟	陶
撮	コ	ラ	地	法	ク	び	キ	ー	パ	読	影	絵	プ	猟
間	ハ	ー	震	キ	リ	写	真	芸	画	ャ	リ	写	び	狩
欠	ン	陶	ラ	ジ	び	高	原	ル	ダ	物	パ	り	シ	ハ
泉	ム	ウ	シ	ル	カ	イ	ゲ	石	乳	鍾	ゼ	び	ズ	グ
活	読	釣	絵	シ	品	ラ	エ	化	編	び	猟	影	ャ	び
グ	パ	編	写	リ	撮	活	大	陸	石	英	動	物	ン	り
芸	エ	絵	編	ハ	真	ム	パ	び	リ	び	編	影	ル	リ
法	法	ー	ハ	プ	キ	シ	狩	陶	レ	喜	り	ル	洞	ン
侵	食	グ	ク	ー	品	園	ン	活	り	絵	陶	ン	窟	ン
ラ	釣	ル	狩	ゲ	影	パ	ゼ	プ	園	画	エ	ゼ	シ	書

カルシウム
洞窟
大陸
コーラル
結晶
サイクル
地震
侵食
化石
間欠泉
溶岩
ミネラル
高原
石英
鍾乳石
火山

28 - House

キ	ゼ	園	狩	ダ	ゲ	狩	フ	撮	品	り	ジ	パ	シ	び
ズ	ッ	床	編	ー	書	撮	ェ	エ	芸	グ	ジ	陶	興	イ
影	ム	チ	シ	ャ	ワ	ー	ン	ラ	ダ	味	喜	部	リ	絵
イ	ゼ	ー	ン	暖	炉	キ	ス	ン	狩	ジ	興	屋	真	ン
陶	魔	法	グ	猟	園	ム	ク	プ	グ	ゼ	法	イ	ル	喜
ン	園	グ	ク	び	み	ン	み	画	味	絵	カ	ー	テ	ン
芸	び	パ	編	ン	撮	イ	活	ャ	活	法	ク	ル	活	動
ハ	ハ	ラ	編	芸	編	び	法	屋	読	ラ	エ	法	絵	庭
エ	活	ジ	リ	図	陶	壁	レ	ゲ	根	ド	物	編	狩	エ
ほ	グ	ダ	ハ	書	喜	影	屋	根	裏	ア	猟	鏡	イ	園
ガ	う	家	具	館	ラ	影	芸	写	ジ	エ	ム	芸	ー	芸
レ	ラ	き	レ	書	ン	撮	ズ	ャ	イ	写	パ	り	写	興
ー	読	ラ	影	グ	リ	陶	動	ル	イ	編	び	画	書	動
ジ	窓	り	活	影	喜	狩	ク	ハ	物	ル	釣	芸	猟	み
写	ム	影	ジ	ン	シ	り	グ	影	パ	書	イ	活	ゲ	り

屋根裏
ほうき
カーテン
ドア
フェンス
暖炉
家具
ガレージ
キー
キッチン
ランプ
図書館
屋根
部屋
シャワー

29 - Physics

グ	ム	レ	写	活	ル	釣	速	キ	ユ	エ	真	魔	ジ	レ
イ	真	化	学	薬	品	ゼ	度	シ	ニ	ン	法	式	リ	レ
相	対	性	理	論	魔	混	リ	書	バ	ジ	核	興	磁	気
り	レ	周	ム	味	猟	沌	ャ	り	ー	ン	猟	シ	ク	リ
エ	イ	波	ン	猟	陶	工	編	書	サ	品	リ	質	ャ	品
ャ	み	数	加	速	釣	撮	び	芸	ル	読	ゲ	量	り	ー
読	り	プ	絵	ム	パ	ク	狩	工	園	魔	味	み	レ	陶
品	び	ハ	プ	活	真	み	ダ	ハ	釣	ク	エ	ゲ	興	ゲ
ム	法	電	魔	ズ	編	び	ー	興	び	画	リ	影	影	写
物	レ	ゼ	子	写	魔	魔	ム	興	ダ	り	ジ	ー	ャ	真
ハ	ハ	絵	粒	原	絵	ラ	ズ	動	ゼ	読	画	キ	ゲ	ズ
力	学	ー	レ	イ	ャ	ラ	喜	味	ズ	画	分	拡	張	ク
猟	写	ズ	ク	ル	狩	ゲ	グ	品	真	魔	子	ャ	ガ	イ
動	釣	び	書	画	レ	写	ゲ	絵	り	影	動	書	ス	喜
ダ	絵	物	レ	密	度	ル	写	狩	ダ	ラ	ン	読	工	物

加速
原子
混沌
化学薬品
密度
電子
エンジン
拡張
周波数
ガス
磁気
質量
力学
分子
粒子
相対性理論
ユニバーサル
速度

30 - Colors

真	紺	キ	芸	編	パ	レ	編	影	オ	影	狩	ン	狩	赤
青	碧	茶	色	黄	プ	法	キ	品	レ	ジ	み	絵	ハ	ゲ
グ	動	物	撮	パ	シ	リ	シ	タ	ン	ゼ	マ	リ	り	シ
芸	芸	エ	書	ャ	プ	イ	書	ゴ	ジ	ン	イ	陶	動	シ
陶	エ	ゲ	園	釣	リ	喜	ー	味	ゼ	ア	猟	動	猟	活
レ	喜	ゼ	ー	ジ	編	パ	陶	ズ	り	シ	ラ	猟	陶	陶
味	陶	撮	グ	り	動	書	ハ	狩	狩	ラ	活	狩	ジ	び
グ	画	陶	写	読	興	ー	イ	物	み	味	イ	ゼ	ゲ	活
イ	パ	喜	絵	ズ	ピ	ン	ク	ム	シ	ベ	ー	ジ	ュ	ダ
真	狩	プ	バ	品	ー	ゾ	物	園	ジ	ン	レ	シ	ー	レ
白	い	ジ	イ	パ	影	ム	グ	法	エ	真	グ	エ	写	び
魔	リ	ャ	オ	イ	動	リ	陶	ダ	フ	喜	撮	狩	動	興
ハ	釣	喜	レ	り	ゼ	ク	ル	品	リ	ク	ハ	品	法	撮
イ	ジ	緑	ッ	キ	ブ	ラ	ッ	ク	み	動	シ	絵	魔	キ
味	書	パ	ト	エ	プ	セ	ピ	ア	書	み	シ	ア	紫	ハ

紺碧
ベージュ
ブラック
茶色
クリムゾン
シアン
フクシア
グレー
インジゴ
マゼンタ
オレンジ
ピンク
セピア
バイオレット
白い
黄色

31 - Scientific Disciplines

真	ズ	熱	力	学	社	品	読	キ	プ	レ	興	ゼ	プ	化
力	学	理	心	経	会	ム	動	絵	ネ	ム	イ	釣	真	学
ー	質	法	撮	神	学	古	考	動	動	シ	品	物	イ	物
パ	地	ャ	影	ー	態	興	イ	ー	ゲ	読	オ	ャ	ン	植
免	疫	学	物	生	生	イ	ー	物	ラ	編	撮	ロ	絵	影
芸	り	読	品	ズ	プ	り	ゲ	芸	狩	読	ハ	編	ジ	り
鉱	物	学	物	動	影	ャ	動	び	芸	味	写	活	写	ー
喜	釣	ゲ	剖	ズ	園	喜	画	生	シ	り	園	狩	イ	プ
リ	読	書	ダ	解	エ	ン	品	読	理	ゼ	画	レ	陶	レ
味	書	写	レ	エ	ャ	陶	ジ	プ	書	編	釣	リ	み	猟
品	ジ	動	ン	言	ル	絵	陶	芸	読	ラ	ゲ	ジ	パ	び
び	ジ	撮	写	語	び	釣	影	編	写	ダ	ム	釣	編	パ
ゼ	天	園	ラ	学	グ	物	真	画	ハ	絵	興	グ	書	ム
影	文	び	法	ズ	猟	ゲ	喜	り	生	化	学	り	喜	物
プ	学	グ	写	画	読	び	撮	ジ	芸	ゲ	芸	味	ゼ	キ

解剖学
考古学
天文学
生化学
生物学
植物学
化学
生態学
地質学
免疫学
キネシオロジー
言語学
力学
鉱物学
神経学
生理
心理学
社会学
熱力学
動物学

32 - Science

絵	物	事	ャ	ク	物	絵	キ	進	写	イ	び	影	リ	画
魔	ゲ	実	ラ	ハ	理	ダ	石	化	グ	品	研	究	室	ゼ
法	パ	ズ	品	薬	学	化	ン	ャ	方	プ	び	真	ゲ	編
画	真	ン	活	び	ャ	興	レ	キ	法	プ	植	粒	写	ル
ハ	喜	撮	科	学	者	芸	リ	ジ	撮	狩	物	イ	子	画
自	然	ャ	ー	動	パ	写	ゼ	気	候	書	物	グ	分	ク
プ	り	ン	ダ	ジ	ジ	味	読	書	法	実	験	品	ン	釣
喜	イ	ャ	ム	書	工	品	ゼ	ル	ン	ゼ	絵	影	ゼ	ク
デ	ム	味	絵	興	ズ	真	撮	プ	写	編	物	ゲ	原	プ
ズ	ー	み	喜	興	ク	キ	グ	イ	法	法	ゼ	園	ャ	子
ゼ	シ	タ	品	ン	み	パ	ジ	み	生	物	ミ	編	イ	ク
写	グ	物	動	ゲ	ム	パ	ム	ル	ャ	陶	ネ	ー	ゲ	味
画	写	撮	物	真	ズ	画	プ	喜	撮	編	ラ	書	ジ	ゼ
真	写	物	ー	プ	び	喜	仮	説	真	味	ル	ダ	ン	釣
パ	法	編	ゼ	ズ	書	ル	ジ	ズ	陶	重	力	ズ	ゼ	び

原子
化学薬品
気候
データ
進化
実験
事実
化石
重力
仮説
研究室
方法
ミネラル
分子
自然
生物
粒子
物理学
植物
科学者

33 - Beauty

ゲ	編	撮	マ	狩	編	ー	ロ	パ	ー	リ	真	ク	狩	レ
ー	ン	グ	ス	釣	ム	み	紅	サ	ー	ビ	ス	び	書	品
猟	画	シ	カ	リ	絵	エ	ム	ル	ラ	品	パ	ゼ	化	品
書	び	ラ	ラ	影	ラ	り	レ	狩	ー	イ	読	シ	香	粧
オ	イ	ル	製	ゲ	写	画	ャ	ガ	プ	り	フ	書	り	化
シ	キ	シ	品	写	び	シ	プ	ャ	ン	キ	ォ	品	ジ	画
猟	猟	ゼ	編	芸	狩	肌	画	み	ャ	ト	ト	陶	興	ゲ
ャ	プ	園	活	ラ	魅	力	芸	ク	シ	ス	ジ	み	ズ	ム
猟	カ	法	読	ク	陶	品	絵	画	読	リ	ェ	真	影	写
撮	ー	ク	イ	グ	喜	物	は	グ	ハ	イ	ニ	影	喜	撮
鏡	ル	撮	エ	ジ	イ	シ	さ	エ	書	タ	ッ	ャ	絵	影
ー	活	パ	ン	物	動	グ	み	活	優	ス	ク	ル	シ	影
物	ム	ム	イ	ジ	画	ム	イ	色	雅	り	狩	ジ	画	読
芸	喜	み	喜	狩	編	ク	法	ン	リ	イ	ク	ジ	エ	ダ
み	ゼ	ハ	読	み	ゼ	品	び	シ	ゼ	法	興	物	絵	園

魅力
化粧品
カール
優雅
エレガント
香り
口紅
化粧

マスカラ
オイル
フォトジェニック
製品
はさみ
サービス
シャンプー
スタイリスト

34 - To Fill

興	活	絵	ム	リ	ー	箱	バ	ケ	ツ	封	筒	ラ	ム	り
ム	絵	影	釣	び	イ	プ	撮	影	ゼ	ー	ゼ	ラ	魔	絵
ー	法	写	シ	物	ハ	陶	喜	ル	ゼ	喜	猟	プ	法	リ
味	撮	真	画	編	キ	ゼ	ー	ズ	撮	真	絵	品	レ	味
ハ	編	ハ	ゼ	動	釣	カ	魔	真	喜	書	ダ	ル	書	釣
活	ク	活	プ	ズ	ブ	ー	ュ	チ	バ	パ	興	レ	釣	釣
ン	ジ	ー	ゲ	ル	興	ト	ズ	撮	ス	ケ	ラ	ダ	ム	レ
グ	キ	プ	ジ	法	ボ	ン	ル	グ	ケ	ッ	動	リ	喜	り
品	ン	キ	パ	影	ト	ッ	ケ	ポ	ッ	ト	真	み	ム	ン
リ	陶	グ	り	ダ	ル	ォ	フ	ハ	ト	バ	画	ク	影	シ
ラ	芸	釣	絵	み	レ	写	影	リ	書	味	品	ジ	物	ー
興	び	イ	ク	グ	バ	グ	動	真	陶	ト	花	瓶	ダ	ジ
浴	プ	狩	狩	レ	瓶	引	き	出	し	ゼ	レ	容	器	影
槽	真	リ	絵	ン	ー	ス	ー	ツ	ケ	ー	ス	イ	喜	ゼ
魔	動	編	物	ム	ャ	ト	ズ	パ	動	芸	味	ム	び	影

バッグ
バレル
バスケット
ボトル
バケツ
カートン
クレート
引き出し
封筒
フォルダ
パケット
ポケット
スーツケース
トレイ
浴槽
チューブ
花瓶
容器

35 - Clothes

活	プ	品	エ	ジ	芸	シ	帽	フ	影	猟	喜	パ	絵	真
手	ダ	レ	グ	ラ	陶	ラ	子	ァ	ク	猟	狩	ジ	ャ	芸
魔	袋	法	書	魔	リ	エ	プ	ッ	ト	ッ	ケ	ャ	ジ	味
ハ	絵	魔	ジ	ム	み	魔	ジ	シ	ル	キ	動	マ	写	読
シ	ハ	影	ラ	ズ	り	パ	レ	ョ	ベ	レ	陶	真	リ	ラ
ラ	レ	編	画	編	ゲ	ジ	ズ	ン	ー	ジ	ー	釣	釣	ャ
ジ	ク	読	コ	ー	ト	ッ	レ	ス	レ	ブ	ハ	味	ー	リ
狩	真	エ	リ	パ	シ	読	ク	影	ル	ダ	ン	サ	魔	ム
み	リ	釣	リ	ン	靴	写	絵	ド	ジ	イ	ロ	ラ	プ	書
編	真	プ	物	ツ	ャ	シ	ク	レ	プ	ュ	プ	画	ム	ル
イ	イ	ャ	グ	品	り	品	喜	ス	活	ブ	エ	ム	魔	真
撮	画	シ	び	ム	活	陶	読	ゲ	興	ラ	猟	リ	フ	ハ
イ	ハ	真	魔	魔	ク	プ	品	ジ	書	ウ	ー	タ	ー	セ
ダ	ラ	興	画	ャ	法	味	読	ハ	ジ	ス	ト	ー	カ	ス
味	品	影	動	ル	影	魔	プ	物	猟	物	リ	ク	ス	画

エプロン
ベルト
ブラウス
ブレスレット
コート
ドレス
ファッション
手袋
帽子
ジャケット
ジーンズ
ジュエリー
パジャマ
パンツ
サンダル
スカーフ
シャツ
スカート
セーター

36 - Astronomy

リ	撮	猟	書	レ	興	動	書	ラ	パ	ム	法	芸	り	園
ゲ	ム	ク	影	り	写	ク	ダ	動	陶	ラ	ジ	ハ	リ	動
味	ゼ	流	星	ル	放	ー	品	書	ゼ	物	ハ	エ	ャ	ゼ
パ	活	釣	ラ	惑	射	グ	猟	物	ー	ン	活	ジ	ダ	園
雲	ラ	み	狩	影	線	月	魔	ル	法	ク	リ	ー	園	喜
星	び	ン	猟	ゲ	喜	物	ジ	シ	写	芸	空	ダ	影	品
座	宇	宙	飛	行	士	天	写	小	春	分	芸	パ	レ	ラ
天	文	学	者	興	ゾ	文	園	惑	法	ラ	グ	園	物	喜
喜	り	狩	動	読	デ	台	絵	星	超	新	星	読	工	狩
地	球	ム	ン	動	ィ	り	猟	活	ゼ	絵	び	ゲ	絵	レ
書	写	び	ハ	ゼ	ア	ル	活	陶	ズ	ズ	ン	撮	活	喜
り	び	画	グ	物	ッ	ル	活	釣	喜	銀	真	物	絵	活
ロ	ケ	ッ	ト	ム	ク	絵	釣	猟	衛	河	キ	書	食	ダ
ル	ジ	魔	法	読	び	読	キ	レ	星	編	ゼ	釣	釣	画
真	品	ゼ	み	影	び	物	法	書	ン	パ	ー	太	陽	ズ

小惑星
宇宙飛行士
天文学者
星座
地球
春分
銀河
流星
星雲
天文台
惑星
放射線
ロケット
衛星
太陽
超新星
ゾディアック

37 - Health and Wellness #2

り	グ	エ	影	グ	品	エ	感	動	興	ラ	ダ	書	物	園
喜	グ	動	血	園	栄	レ	染	法	イ	リ	イ	食	欲	回
ジ	魔	猟	ャ	味	ズ	養	パ	活	ャ	真	エ	狩	物	復
ン	ゼ	撮	味	リ	ル	レ	ビ	活	物	魔	ッ	釣	み	芸
絵	味	味	ン	釣	エ	解	タ	ル	芸	イ	ト	画	法	写
画	影	ー	ー	動	ハ	剖	ミ	ダ	猟	活	り	び	編	編
猟	真	ャ	ハ	ム	脱	学	ン	ゼ	ム	リ	書	パ	ム	ー
書	び	物	レ	ハ	水	絵	り	院	プ	び	シ	ン	シ	画
み	シ	キ	ン	芸	園	画	衛	病	重	さ	ゼ	物	パ	狩
び	撮	ャ	写	マ	釣	喜	生	喜	気	ラ	ク	活	プ	ジ
法	読	ジ	魔	ッ	編	ー	イ	真	元	カ	シ	魔	パ	真
パ	影	り	パ	サ	影	ギ	猟	絵	ム	ロ	ム	ゼ	陶	影
法	ジ	レ	パ	ー	ギ	ル	ネ	エ	活	リ	狩	芸	グ	絵
遺	伝	学	狩	ジ	ス	レ	ト	ス	魔	ー	イ	ダ	み	撮
エ	レ	ズ	レ	び	ク	ア	動	グ	ラ	ゼ	ラ	活	味	ゲ

アレルギー
解剖学
食欲
カロリー
脱水
ダイエット
病気
エネルギー
遺伝学
元気
病院
衛生
感染
マッサージ
栄養
回復
ストレス
ビタミン
重さ

38 - Disease

狩	症	炎	遺	ゲ	編	ダ	書	ズ	ハ	伝	み	興	書	ン
真	候	リ	伝	ク	撮	ク	品	味	品	染	ゼ	喜	イ	読
ム	群	ラ	性	ジ	魔	絵	園	り	ャ	性	グ	品	グ	読
法	イ	レ	慢	釣	絵	イ	ン	喜	ル	芸	釣	レ	エ	ラ
影	陶	イ	ャ	遺	絵	り	動	ア	レ	ル	ギ	ー	イ	芸
釣	り	シ	真	エ	伝	病	原	体	エ	パ	パ	み	絵	ン
プ	み	魔	ダ	編	レ	写	魔	活	ダ	画	動	狩	真	ジ
芸	絵	品	編	ク	ズ	ダ	釣	り	ゼ	狩	画	リ	ジ	キ
ゲ	真	リ	ン	パ	シ	編	品	み	ン	ジ	イ	イ	ラ	ジ
細	釣	喜	弱	活	物	呼	吸	器	活	エ	魔	活	写	シ
治	菌	書	い	グ	ゲ	シ	ン	読	影	活	ラ	読	ラ	ン
ー	療	読	ム	法	猟	絵	狩	ム	狩	喜	ー	写	写	法
画	ム	ジ	読	画	写	シ	免	疫	腹	部	ル	リ	ク	品
ク	腰	椎	狩	健	康	品	心	骨	ズ	ハ	興	キ	法	エ
猟	プ	ダ	ム	写	ク	レ	臓	ー	喜	プ	神	経	障	害

腹部
アレルギー
細菌
慢性
伝染性
遺伝
健康
心臓
遺伝性
免疫
炎症
腰椎
神経障害
病原体
呼吸器
症候群
治療
弱い

39 - Time

未	り	ズ	み	シ	エ	陶	エ	レ	り	物	画	画	ラ	レ
来	魔	ズ	陶	興	通	物	陶	月	画	エ	り	狩	ゲ	ク
シ	写	味	レ	魔	年	猟	味	シ	絵	日	ル	写	物	芸
カ	ジ	喜	み	法	十	ー	り	書	ラ	今	狩	ジ	エ	園
レ	絵	写	狩	ル	プ	物	ン	書	品	読	興	ャ	真	リ
ン	シ	エ	真	時	時	計	今	リ	影	陶	物	ゲ	ク	ム
ダ	陶	前	編	ラ	間	陶	イ	動	び	ン	ー	品	ク	影
ー	早	ャ	園	み	り	魔	絵	ラ	真	ゲ	興	書	ハ	ャ
真	い	ダ	編	ズ	動	び	ム	真	ン	真	ジ	魔	ラ	興
エ	ン	園	撮	み	ク	興	プ	週	ム	ハ	猟	編	書	園
グ	動	絵	ジ	み	ャ	画	パ	り	グ	り	世	園	魔	朝
動	ク	絵	リ	夜	絵	画	エ	喜	法	リ	紀	撮	園	狩
ジ	魔	ル	陶	園	編	書	ク	興	キ	キ	ゼ	ン	ル	び
ム	喜	陶	昼	す	ぐ	狩	芸	分	ム	狩	陶	写	猟	喜
パ	撮	レ	魔	プ	書	ダ	プ	猟	ャ	ラ	エ	ル	影	興

通年
カレンダー
世紀
時計
十年

早い
未来
時間
すぐ
今日

40 - Buildings

ャ	病	書	シ	キ	狩	園	ア	興	編	画	み	品	び	ダ
イ	院	イ	み	ゼ	シ	影	影	パ	興	画	ク	喜	リ	ム
ス	ー	パ	ー	マ	ー	ケ	ッ	ト	ー	ゼ	書	シ	ダ	パ
エ	大	使	館	活	ワ	キ	び	ン	び	ト	城	キ	イ	イ
ム	ゼ	パ	イ	品	タ	み	プ	テ	ダ	キ	撮	エ	ス	ゼ
味	法	キ	工	場	エ	ハ	ラ	狩	陶	シ	ャ	園	タ	物
釣	猟	写	動	び	エ	ジ	魔	興	レ	ネ	パ	イ	ジ	影
法	グ	喜	グ	研	パ	学	芸	リ	芸	マ	キ	シ	ア	ー
編	ホ	ク	ル	究	イ	ル	校	魔	り	ム	ゼ	狩	ム	み
ラ	テ	興	編	室	り	キ	狩	プ	画	イ	画	シ	釣	み
陶	ル	テ	ス	ホ	エ	品	り	リ	狩	イ	シ	シ	園	編
ズ	ゲ	品	影	ル	天	釣	猟	狩	ー	ン	ゲ	り	撮	編
劇	場	ン	興	動	文	博	キ	ャ	ビ	ン	大	学	ム	パ
法	釣	画	ー	釣	台	画	物	狩	ゼ	イ	み	活	ゲ	真
プ	活	猟	撮	グ	ム	パ	陶	館	ダ	び	リ	狩	納	屋

アパート
納屋
キャビン
シネマ
大使館
工場
病院
ホステル
ホテル
研究室
博物館
天文台
学校
スタジアム
スーパーマーケット
テント
劇場
タワー
大学

41 - Herbalism

狩	動	真	キ	品	プ	猟	ジ	ゲ	び	ル	レ	魔	芳	タ
ダ	園	ク	興	イ	キ	真	狩	花	リ	プ	シ	陶	香	ラ
ニ	ン	ニ	ク	ム	有	益	ロ	ー	ズ	マ	リ	ー	族	ゴ
ム	ラ	ョ	ジ	ー	マ	ズ	び	み	陶	活	セ	イ	読	ン
ー	フ	リ	エ	シ	書	編	ル	法	イ	読	パ	真	魔	撮
レ	サ	興	書	ー	活	ハ	品	ダ	影	味	書	味	書	パ
グ	法	キ	エ	び	狩	画	釣	ト	釣	品	撮	物	書	品
ャ	活	キ	ハ	魔	ハ	ラ	ベ	ン	ダ	ー	喜	フ	園	読
ダ	陶	魔	シ	画	レ	オ	狩	ミ	グ	真	活	ェ	画	ジ
ゼ	ム	写	リ	エ	キ	成	レ	り	味	品	写	ン	レ	狩
興	ゼ	陶	撮	狩	編	読	分	ガ	編	植	キ	ネ	ル	撮
ズ	キ	エ	ダ	活	写	パ	庭	ラ	ノ	活	物	ル	物	ダ
レ	ャ	法	ム	興	猟	ー	興	品	品	魔	写	陶	シ	物
パ	ゼ	バ	ジ	ル	料	撮	ズ	興	法	真	グ	味	絵	撮
ラ	動	レ	園	影	理	緑	レ	ル	グ	ハ	キ	プ	ン	動

芳香族
バジル
有益
料理
フェンネル
ニンニク
成分
ラベンダー
マージョラム
ミント
オレガノ
パセリ
植物
ローズマリー
サフラン
タラゴン

42 - Vehicles

バ	喜	ヘ	リ	コ	プ	タ	ー	パ	フ	タ	飛	狩	ラ	ゲ
シ	ス	法	ラ	リ	ゲ	自	タ	エ	ェ	ク	行	ハ	読	読
芸	ラ	エ	ラ	魔	園	転	ー	ン	リ	シ	機	み	プ	編
喜	真	キ	影	み	ジ	車	ク	ジ	ー	ー	地	下	鉄	ダ
ル	ジ	釣	物	ー	喜	撮	ス	ン	喜	タ	ト	ッ	ケ	ロ
猟	影	法	陶	品	味	エ	ダ	バ	狩	ク	ー	車	喜	法
タ	イ	ヤ	ャ	写	ゼ	ク	ッ	ラ	ト	ラ	ボ	モ	影	編
ク	法	釣	動	真	読	み	写	ャ	キ	ト	撮	キ	真	陶
ー	物	園	ダ	ハ	興	ズ	真	キ	救	急	車	ハ	書	活
魔	編	魔	ク	読	編	編	読	ズ	撮	レ	写	編	写	ャ
レ	ダ	ラ	ン	猟	狩	猟	ン	ン	シ	グ	ル	ゲ	味	書
喜	レ	真	グ	イ	品	釣	レ	び	編	ダ	エ	ル	園	撮
ズ	ル	味	ゲ	書	法	潜	喜	り	猟	物	芸	狩	編	撮
魔	絵	ダ	園	ラ	ク	水	活	ゼ	い	か	だ	グ	釣	ル
り	法	陶	レ	シ	釣	艦	レ	写	ム	園	ハ	ム	ゼ	ジ

飛行機
救急車
自転車
ボート
バス
キャラバン
エンジン
フェリー
ヘリコプター
モーター
いかだ
ロケット
スクーター
潜水艦
地下鉄
タクシー
タイヤ
トラクター
トラック

43 - Health and Wellness #1

ホ	ル	モ	ン	ゼ	イ	シ	パ	味	絵	真	魔	リ	活	ラ
細	菌	芸	ン	芸	リ	ハ	ム	り	プ	ャ	影	ラ	影	画
動	陶	ラ	狩	読	釣	ャ	習	イ	写	ハ	リ	ク	品	画
狩	り	喜	み	ー	ャ	書	慣	ジ	ラ	撮	イ	ゼ	ル	芸
診	療	所	活	ラ	陶	活	釣	ク	絵	反	射	ー	折	骨
ゲ	ハ	治	プ	読	キ	喜	狩	み	レ	グ	撮	シ	芸	ク
シ	ラ	ャ	味	レ	撮	画	ル	ャ	ン	ハ	み	ョ	レ	撮
グ	陶	り	写	陶	ラ	み	園	キ	エ	書	興	ン	物	法
ム	ア	動	写	ゼ	グ	読	書	ャ	読	魔	狩	編	り	喜
グ	ク	ゲ	写	ー	興	動	エ	イ	釣	み	魔	ダ	狩	ル
書	テ	筋	肉	読	ウ	イ	ル	ス	ジ	ン	品	動	味	キ
園	ィ	イ	釣	画	ズ	品	グ	画	グ	飢	薬	局	肌	ジ
怪	ブ	絵	撮	プ	撮	興	物	活	編	餓	興	ラ	撮	芸
ム	我	キ	猟	動	エ	ゼ	活	ー	ー	グ	医	神	経	り
ダ	リ	り	ャ	高	さ	喜	品	ク	エ	ジ	者	り	動	み

アクティブ
細菌
診療所
医者
骨折
習慣
高さ
ホルモン
飢餓

怪我
筋肉
神経
薬局
反射
リラクゼーション
治療
ウイルス

44 - Town

撮	ス	エ	ラ	編	キ	ジ	ル	ス	店	園	ン	び	ク	読
ム	タ	写	ホ	写	芸	ダ	ハ	ー	ム	ベ	ー	活	り	喜
シ	ジ	ゼ	テ	動	物	園	イ	パ	プ	ー	リ	ラ	ャ	ギ
真	ア	味	ル	編	法	読	写	ー	喜	カ	法	薬	局	プ
ク	ム	ジ	芸	活	物	空	港	マ	園	リ	魔	物	レ	び
狩	品	プ	画	ズ	イ	撮	ズ	ー	ム	ー	狩	ハ	真	編
法	味	芸	ル	学	物	エ	ャ	ケ	エ	レ	キ	ジ	品	魔
シ	ム	影	魔	大	校	絵	シ	ッ	法	エ	ク	リ	魔	パ
画	ダ	診	芸	ズ	イ	ダ	真	ト	市	場	グ	花	ャ	味
編	イ	編	療	銀	行	ャ	園	味	書	法	ル	芸	屋	味
味	シ	エ	ハ	所	劇	ャ	撮	影	店	芸	ャ	ー	絵	レ
編	キ	読	ラ	リ	場	ゲ	芸	パ	読	リ	み	撮	パ	ム
プ	ジ	ズ	博	物	館	芸	み	ン	影	陶	ゲ	シ	猟	動
撮	喜	画	狩	物	書	品	撮	パ	リ	書	興	ネ	品	イ
物	ゲ	写	ゲ	ジ	図	物	画	狩	レ	真	魔	マ	エ	ゲ

空港
ベーカリー
銀行
書店
シネマ
診療所
花屋
ギャラリー
ホテル
図書館
市場
博物館
薬局
学校
スタジアム
スーパーマーケット
劇場
大学
動物園

45 - Antarctica

ゼ	品	喜	ズ	喜	ラ	み	魔	グ	物	ム	ム	エ	書	影
り	品	品	イ	リ	絵	撮	ダ	味	雲	氷	ク	グ	ハ	興
シ	味	撮	猟	ハ	品	物	イ	ラ	喜	河	み	び	プ	ム
鳥	絵	ゲ	み	移	書	遠	征	ダ	品	グ	り	猟	撮	イ
ロ	ッ	キ	ー	読	行	レ	グ	ゼ	り	読	編	み	ャ	ハ
撮	パ	読	ク	ゼ	ー	半	ー	ー	イ	絵	ジ	び	り	ャ
書	ラ	キ	大	陸	キ	島	べ	品	ダ	リ	キ	活	キ	編
ジ	ゲ	狩	絵	書	活	グ	イ	氷	環	境	動	保	ク	リ
味	法	ラ	ダ	ル	リ	ク	動	ン	び	ャ	釣	全	品	ン
ム	パ	興	入	り	江	ー	ズ	猟	研	写	科	び	ズ	狩
園	動	書	画	編	法	ム	影	ー	究	陶	学	ハ	り	プ
ズ	ー	り	ラ	活	書	シ	猟	ー	者	温	的	プ	ム	り
ャ	編	書	エ	味	シ	画	喜	味	パ	度	パ	水	動	り
編	狩	猟	り	リ	キ	画	キ	真	法	活	物	形	味	画
書	ジ	ゼ	動	書	み	園	狩	陶	狩	ジ	パ	地	理	書

ベイ
保全
大陸
入り江
環境
遠征
地理
氷河

移行
半島
研究者
ロッキー
科学的
温度
地形

46 - Ballet

ズ	ソ	エ	み	リ	ハ	ー	サ	ル	真	ー	技	術	ダ	筋
狩	ロ	ジ	ン	物	ル	練	び	ダ	狩	ャ	リ	動	物	肉
芸	術	的	ラ	ー	絵	習	撮	書	ン	チ	パ	法	び	ン
ダ	ン	サ	ー	レ	品	ル	オ	ー	ケ	ス	ト	ラ	芸	作
レ	ズ	活	撮	ジ	ッ	キ	ジ	ン	編	ェ	釣	イ	画	曲
振	シ	シ	ル	イ	タ	ス	エ	園	園	ジ	み	狩	ダ	家
魔	り	画	ハ	真	写	動	ン	表	現	力	豊	か	な	り
絵	撮	付	ー	読	書	陶	シ	猟	味	真	ル	キ	魔	リ
ズ	パ	編	け	拍	手	釣	編	絵	狩	味	撮	真	猟	ズ
プ	園	読	レ	猟	品	陶	り	写	り	リ	ー	エ	園	ム
編	物	ゼ	喜	絵	絵	味	興	バ	レ	リ	ー	ナ	パ	ム
喜	エ	プ	品	動	ジ	喜	リ	動	ル	喜	編	シ	絵	活
り	ジ	物	ム	ゲ	書	味	ー	書	活	プ	狩	真	ャ	キ
ク	音	法	物	強	編	喜	釣	ン	リ	グ	ン	編	活	り
り	楽	ジ	ゼ	ゲ	度	ー	影	園	ャ	リ	プ	味	狩	り

拍手
芸術的
バレリーナ
振り付け
作曲家
ダンサー
表現力豊かな
ジェスチャー
強度
レッスン

筋肉
音楽
オーケストラ
練習
リハーサル
リズム
スキル
ソロ
スタイル
技術

47 - Fashion

ト	洗	ン	ム	ャ	り	シ	ミ	刺	繍	び	エ	ゲ	読	釣
レ	練	グ	ム	グ	グ	ャ	ニ	ン	び	動	撮	シ	シ	法
ン	さ	影	ク	真	ー	味	マ	り	レ	ン	ゼ	パ	り	レ
ド	れ	快	法	画	法	エ	リ	衣	類	実	用	的	測	定
手	た	適	絵	興	ル	書	ス	ー	レ	園	ゲ	エ	書	ー
猟	頃	リ	写	魔	撮	ラ	ト	真	ク	狩	ジ	ン	物	読
り	ル	な	撮	喜	り	狩	ン	キ	画	ジ	ハ	猟	法	ム
釣	ム	ー	価	ブ	釣	猟	ガ	び	パ	活	キ	園	読	猟
シ	ル	レ	ジ	格	テ	ダ	レ	ャ	ン	み	ジ	喜	エ	ゼ
エ	レ	活	真	ズ	絵	ィ	エ	チ	ル	み	ボ	グ	ゼ	園
画	ム	法	エ	陶	り	真	ッ	ス	ル	グ	タ	味	ズ	ゲ
高	価	な	ャ	物	興	ン	ャ	ク	ハ	り	ン	ダ	モ	書
動	レ	ン	園	エ	画	ー	狩	テ	ャ	生	ゼ	ー	エ	ズ
オ	リ	ジ	ナ	ル	イ	タ	ス	法	興	ズ	地	品	ダ	ラ
動	ラ	シ	ル	書	リ	パ	味	ゲ	グ	ラ	エ	ム	レ	興

手頃な価格
ブティック
ボタン
衣類
快適
エレガント
刺繍
高価な
生地
レース
測定
ミニマリスト
モダン
オリジナル
パターン
実用的
洗練された
スタイル
テクスチャ
トレンド

48 - Human Body

シ	ゼ	ル	み	釣	ル	園	魔	陶	ダ	品	写	エ	品	品
ー	真	み	陶	レ	ジ	品	法	動	ゼ	喜	影	ャ	ロ	ズ
顎	脳	ャ	ム	り	ラ	鼻	エ	影	物	法	ル	手	リ	エ
法	レ	ハ	活	味	ジ	レ	心	読	グ	影	ダ	ゼ	ャ	釣
リ	キ	ー	ズ	み	興	プ	り	臓	喜	ャ	ズ	書	撮	活
狩	魔	画	血	ル	ジ	ク	膝	ラ	動	喜	法	編	園	ダ
読	パ	ン	ズ	園	ダ	画	シ	写	ダ	び	ゲ	猟	ャ	ム
び	ー	エ	ジ	ル	レ	猟	魔	ャ	ー	園	ン	ー	書	釣
足	首	写	ゲ	エ	釣	ダ	猟	画	ダ	猟	画	ャ	頭	影
真	イ	読	物	芸	書	レ	シ	狩	猟	リ	味	魔	狩	ダ
耳	唇	活	編	ゼ	プ	ー	ゲ	狩	味	味	陶	品	ズ	書
プ	プ	写	書	び	び	真	品	品	喜	シ	品	撮	画	パ
グ	園	肌	絵	法	喜	シ	画	写	興	物	真	猟	り	書
ハ	イ	ク	ャ	肩	画	プ	ー	影	動	写	肘	パ	写	指
動	パ	骨	真	影	顔	リ	レ	魔	ジ	グ	プ	興	み	キ

足首

心臓

49 - Musical Instruments

活	編	ゲ	釣	絵	グ	マ	ャ	キ	プ	味	動	ハ	動	物
プ	ク	物	プ	み	ャ	ン	ョ	シ	ッ	カ	ー	パ	タ	オ
イ	キ	ゲ	り	ム	ラ	ド	ゴ	撮	り	ジ	法	喜	ン	ー
撮	み	写	魔	喜	ル	リ	味	ゼ	ハ	ー	プ	書	バ	ボ
リ	影	陶	フ	ー	味	ン	ー	ボ	ン	ロ	ト	ル	リ	エ
バ	狩	ダ	ャ	ル	興	ム	イ	ャ	チ	ェ	ロ	品	ン	キ
イ	陶	物	び	ラ	ー	ョ	ジ	ン	バ	ス	ラ	ダ	写	ダ
オ	物	ゼ	キ	狩	グ	ト	ッ	ネ	リ	ラ	ク	園	ク	ゲ
リ	喜	グ	写	ジ	マ	ッ	ゼ	法	エ	影	リ	ッ	ン	物
ン	狩	ル	み	シ	リ	ペ	ピ	ア	ノ	陶	狩	真	サ	ジ
ク	読	絵	パ	法	ン	ン	喜	影	ム	ラ	写	写	ャ	プ
書	プ	イ	び	影	バ	ラ	ジ	ャ	興	ギ	タ	ー	ハ	キ
動	ズ	絵	グ	ム	活	ト	ッ	ゴ	ァ	フ	撮	リ	活	み
喜	ゼ	イ	陶	イ	キ	び	ダ	り	ダ	キ	ダ	動	狩	み
撮	陶	イ	園	ズ	絵	プ	物	ズ	法	ゼ	ゼ	編	ハ	ム

バンジョー
ファゴット
チェロ
チャイム
クラリネット
ドラム
フルート
ゴング
ギター
ハープ
マンドリン
マリンバ
オーボエ
パーカッション
ピアノ
サックス
タンバリン
トロンボーン
トランペット
バイオリン

50 - Fruit

喜	ク	物	シ	パ	イ	ナ	ッ	プ	ル	写	園	ラ	写	ジ
ャ	リ	ー	物	魔	グ	ダ	喜	り	味	キ	真	喜	パ	興
ゼ	ル	真	り	ダ	み	狩	ム	ン	グ	グ	ア	バ	パ	シ
影	書	ム	り	び	レ	味	り	興	陶	ゼ	梨	キ	イ	撮
法	ゲ	ゼ	書	物	活	興	画	ゼ	興	レ	ム	ゼ	ヤ	ン
イ	撮	エ	エ	真	パ	ャ	ゲ	ズ	ー	ル	葡	味	ネ	興
リ	チ	み	イ	り	ー	ゼ	び	ク	絵	書	み	萄	ク	編
喜	ャ	ジ	喜	物	影	狩	ラ	ズ	ベ	リ	ー	影	タ	リ
キ	ウ	イ	ク	パ	味	影	プ	ゲ	イ	芸	ゼ	狩	リ	喜
マ	ン	ゴ	ー	ク	陶	ト	イ	メ	ロ	ン	モ	レ	ン	ャ
ン	リ	グ	写	芸	ジ	ッ	物	動	狩	ズ	法	法	リ	撮
釣	撮	ン	書	ン	ベ	コ	物	絵	狩	喜	ゲ	ゼ	書	ズ
パ	編	ル	リ	ハ	プ	リ	バ	ナ	ナ	コ	コ	ナ	ッ	ツ
写	ゼ	ア	ッ	プ	ル	プ	ー	リ	ェ	チ	ル	ゲ	ャ	釣
ア	ボ	カ	ド	エ	園	ア	桃	び	キ	書	猟	絵	味	ハ

アップル
アプリコット
アボカド
バナナ
ベリー
チェリー
ココナッツ
イチジク
葡萄
グアバ
キウイ
レモン
マンゴー
メロン
ネクタリン
パパイヤ
パイナップル
ラズベリー

51 - Engineering

写	モ	角	陶	ク	狩	釣	り	撮	ゲ	陶	み	計	書	分
ル	ー	軸	度	撮	猟	画	ジ	活	ム	ン	絵	算	活	布
構	タ	エ	び	書	狩	イ	活	真	真	味	動	安	定	性
造	ー	ギ	ル	ネ	エ	キ	エ	真	興	レ	絵	撮	ズ	ー
陶	ギ	パ	法	法	絵	芸	猟	ン	キ	ン	ジ	書	興	パ
喜	ア	味	ゲ	編	推	ー	ャ	活	ジ	ル	り	動	ジ	法
編	ル	陶	釣	ル	進	活	ズ	芸	動	ン	ラ	ズ	園	み
陶	撮	ゼ	園	レ	バ	ー	リ	陶	び	動	ダ	グ	ダ	エ
建	設	キ	ー	画	ズ	猟	ズ	喜	動	活	芸	り	深	ゲ
喜	ダ	レ	ャ	ゲ	喜	パ	機	絵	ラ	ゼ	品	図	さ	ゲ
動	味	園	書	び	ジ	ゲ	魔	械	リ	ン	び	画	芸	ゲ
物	プ	キ	ム	編	ゼ	猟	画	測	定	レ	写	液	み	撮
直	径	写	イ	イ	物	シ	ャ	芸	園	パ	ク	体	猟	読
ダ	イ	ズ	画	園	画	イ	書	書	ゼ	シ	真	ジ	ジ	興
品	ズ	ム	書	デ	ィ	ー	ゼ	ル	画	ム	ャ	読	読	品

角度
計算
建設
深さ
直径
ディーゼル
分布
エネルギー
エンジン

ギア
レバー
液体
機械
測定
モーター
推進
安定性
構造

52 - Government

味	ダ	プ	法	編	ク	自	影	ャ	芸	リ	ー	ダ	ー	ゼ
ン	レ	ラ	園	パ	興	ハ	由	味	ャ	ズ	ワ	芸	正	み
グ	法	活	釣	ハ	品	動	シ	独	釣	動	パ	法	義	レ
イ	読	ル	芸	ー	陶	陶	ン	魔	立	編	写	ハ	画	イ
ズ	魔	画	ム	み	喜	猟	ボ	ー	陶	ク	ラ	猟	魔	シ
記	念	碑	レ	物	キ	読	ル	ラ	狩	ゼ	状	み	国	味
ラ	ゲ	議	論	キ	園	リ	ダ	魔	パ	ル	態	ク	家	ジ
イ	市	民	影	編	絵	撮	グ	品	グ	釣	書	リ	写	写
読	物	ャ	興	律	パ	狩	シ	イ	ゲ	政	治	陶	真	動
興	ハ	編	プ	憲	法	編	陶	ャ	興	動	パ	び	動	園
陶	写	シ	撮	釣	レ	動	魔	ム	味	園	ス	ピ	ー	チ
司	法	芸	市	民	権	芸	活	狩	真	エ	ン	法	喜	法
釣	ズ	画	陶	影	和	平	等	喜	ズ	ダ	絵	キ	撮	動
ン	画	真	活	画	キ	み	写	ハ	プ	書	陶	ク	ム	陶
法	撮	ル	真	民	主	主	義	エ	シ	撮	ル	ル	物	魔

市民権
市民
憲法
民主主義
議論
平等
独立
司法
正義
法律

リーダー
自由
記念碑
国家
平和
政治
パワー
スピーチ
状態
シンボル

53 - Art Supplies

影	猟	ジ	動	テ	ー	ブ	ル	消	品	編	ハ	味	ー	絵
ジ	ジ	魔	影	ダ	動	読	芸	し	釣	書	り	活	物	シ
絵	絵	ャ	動	ル	釣	物	プ	ゴ	エ	ル	イ	読	ー	粘
読	狩	ン	写	ダ	ク	ク	ク	ム	ク	猟	ゼ	影	物	土
ア	絵	ラ	水	ゼ	ハ	真	影	炭	読	ム	園	み	猟	園
ク	魔	紙	彩	キ	ン	味	狩	影	ー	ー	写	ゼ	真	品
リ	品	ャ	画	キ	ジ	釣	画	ダ	ン	グ	ゲ	魔	魔	プ
ル	影	陶	絵	ゼ	ゼ	編	書	魔	ー	レ	リ	読	興	み
画	絵	狩	ル	絵	シ	び	色	水	ク	品	法	創	写	り
椅	子	ャ	画	ー	園	陶	ゲ	イ	ン	猟	園	絵	造	法
絵	鉛	ー	真	興	び	物	ル	ア	イ	デ	ア	興	プ	性
真	筆	び	芸	編	狩	パ	狩	ク	ハ	ゲ	レ	興	ク	画
書	ズ	レ	グ	品	釣	味	ブ	ラ	シ	イ	ン	ル	キ	活
塗	料	ン	芸	品	の	イ	シ	ゲ	エ	レ	レ	釣	編	び
ラ	り	ル	猟	キ	り	油	キ	カ	メ	ラ	イ	ー	ゼ	ル

アクリル
ブラシ
カメラ
椅子
粘土
創造性
イーゼル
消しゴム
のり
アイデア
インク
塗料
鉛筆
テーブル
水彩画

54 - Science Fiction

猟	ラ	動	キ	ロ	影	イ	書	物	シ	ネ	マ	ゼ	真	味
工	釣	ャ	火	ボ	パ	リ	籍	グ	惑	素	晴	ら	し	い
ズ	書	狩	園	ッ	リ	ュ	ー	ル	星	ア	り	魔	ゼ	レ
狩	ク	ッ	ミ	ト	ア	ー	パ	ク	ア	ピ	ト	ス	ィ	デ
喜	ン	レ	イ	撮	ゼ	ジ	キ	ラ	ロ	ト	物	影	影	品
法	ゼ	品	ー	魔	味	ョ	ズ	オ	ジ	ー	絵	世	界	芸
画	魔	画	ジ	ズ	読	ン	キ	シ	パ	ユ	ン	ラ	猟	魔
ラ	喜	書	芸	ャ	狩	釣	動	グ	興	ン	真	び	ハ	撮
活	絵	陶	陶	ク	影	絵	虚	ン	興	銀	読	び	書	プ
ゼ	ー	リ	び	撮	活	動	数	イ	技	狩	河	興	イ	化
イ	ー	魔	読	品	み	ラ	び	猟	術	芸	動	物	写	学
爆	パ	興	ズ	な	釣	画	狩	グ	釣	編	工	動	リ	薬
発	み	り	未	来	的	ク	び	ム	ゲ	レ	品	真	真	品
法	芸	喜	読	リ	リ	秘	活	猟	ク	ラ	影	シ	ゼ	グ
芸	影	撮	ゼ	ダ	芸	読	神	芸	レ	ラ	絵	シ	ゼ	ゼ

アトミック
書籍
化学薬品
シネマ
クローン
ディストピア
爆発
素晴らしい
未来的
銀河

イリュージョン
虚数
神秘的な
オラクル
惑星
ロボット
技術
ユートピア
世界

55 - Geometry

狩	方	狩	対	法	レ	ゼ	陶	味	法	リ	ル	影	イ	計
ー	程	み	称	活	ム	ラ	理	影	法	ー	猟	曲	線	算
直	式	ル	ゲ	ン	味	シ	論	論	セ	グ	メ	ン	ト	グ
径	釣	撮	狩	キ	ャ	パ	ク	ゼ	次	編	グ	味	ゲ	物
ダ	ン	ゲ	読	三	角	形	撮	グ	ム	元	ダ	魔	読	書
ゼ	魔	ラ	質	量	動	物	プ	み	ャ	撮	ル	ダ	読	興
パ	画	レ	ム	み	興	プ	猟	猟	ャ	プ	ム	み	番	イ
ー	グ	円	読	キ	絵	ル	割	中	み	ャ	狩	ル	号	ラ
狩	ハ	写	狩	物	画	ゼ	合	央	品	パ	高	さ	表	ャ
ャ	画	ゼ	絵	陶	影	水	猟	値	編	物	ズ	絵	面	活
画	ダ	パ	ル	パ	行	平	物	動	ラ	撮	シ	写	イ	プ
ン	イ	動	書	園	陶	工	角	真	ム	釣	レ	書	園	編
ン	ン	み	読	動	り	イ	写	度	味	ジ	写	ル	狩	芸
読	ゲ	パ	ク	レ	み	キ	ム	狩	魔	工	写	味	り	ー
リ	グ	ラ	狩	動	ラ	ル	ダ	ム	画	陶	写	園	書	イ

角度
計算
曲線
直径
次元
方程式
高さ
水平
論理
質量

中央値
番号
平行
割合
セグメント
表面
対称
理論
三角形

56 - Creativity

ラ	魔	ビ	読	ク	物	影	み	信	発	明	喜	ス	プ	画
感	覚	ジ	絵	釣	魔	表	ジ	プ	憑	釣	キ	ラ	キ	リ
レ	喜	ョ	園	味	シ	現	エ	劇	ム	性	ゲ	品	ル	ル
活	絵	ン	イ	園	ジ	ダ	撮	的	読	ム	ア	イ	デ	ア
イ	ン	ス	ピ	レ	ー	シ	ョ	ン	キ	狩	シ	強	釣	狩
法	ゼ	パ	ラ	ハ	ジ	み	イ	味	陶	釣	釣	物	度	プ
法	び	品	猟	ー	リ	ン	活	シ	書	動	園	園	ハ	写
読	感	自	味	ム	味	芸	術	的	ラ	ル	グ	ム	ハ	書
ジ	情	発	ゲ	レ	エ	釣	プ	ー	絵	魔	シ	み	ル	ゼ
書	ム	ム	魔	撮	書	直	感	リ	活	ダ	芸	真	ジ	法
リ	流	動	性	影	魔	グ	園	猟	喜	み	撮	ジ	味	パ
ク	び	写	真	影	芸	想	像	力	芸	動	味	狩	陶	ジ
印	象	活	グ	編	狩	興	画	書	ハ	明	快	芸	ル	物
魔	エ	力	物	キ	園	ル	ン	ャ	狩	芸	撮	ズ	喜	影
プ	シ	り	狩	活	物	レ	陶	興	法	活	ゼ	ル	活	り

芸術的
信憑性
明快
劇的
感情
表現
流動性
アイデア
画像
想像力

印象
インスピレーション
強度
直感
発明
感覚
スキル
自発
ビジョン
活力

57 - Airplanes

ゼ	猟	陶	プ	高	興	物	ル	動	み	旅	法	興	歴	史
エ	レ	プ	ロ	度	画	書	バ	ハ	ダ	客	ダ	猟	り	ゲ
猟	動	影	ペ	ク	真	書	撮	ル	ャ	動	高	ム	み	イ
書	興	読	ラ	ル	燃	料	編	み	ー	絵	ク	さ	レ	空
園	園	動	画	ー	ャ	ハ	水	写	絵	ン	ジ	ン	エ	芸
ハ	プ	釣	魔	り	釣	編	素	イ	ム	撮	法	陶	ク	編
り	ラ	撮	画	魔	喜	園	ル	み	グ	読	書	ラ	イ	ム
画	ー	品	ャ	着	陸	書	魔	空	グ	グ	喜	ジ	品	ム
プ	乱	流	エ	書	ゲ	狩	イ	ズ	気	撮	撮	ー	真	ャ
ル	降	影	み	物	活	撮	ハ	ゲ	囲	ン	キ	画	イ	狩
ャ	下	キ	書	動	画	設	計	ラ	雰	冒	ャ	狩	狩	釣
画	魔	ラ	猟	味	パ	イ	ロ	ッ	ト	険	プ	画	魔	ム
建	ジ	陶	品	芸	ャ	画	シ	キ	ダ	読	グ	キ	味	興
設	ル	園	ム	リ	写	キ	園	絵	法	狩	味	ズ	リ	ャ
り	読	ダ	イ	狩	ー	パ	ゲ	ル	書	ズ	ム	狩	書	ル

冒険
空気
高度
雰囲気
バルーン
建設
クルー
降下
設計
エンジン
燃料
高さ
歴史
水素
着陸
旅客
パイロット
プロペラ
乱流

58 - Ocean

プ	読	リ	陶	釣	物	物	レ	読	嵐	ラ	ク	藻	読	潮
魔	ャ	ジ	び	陶	写	書	釣	ャ	レ	ク	喜	ゼ	真	汐
読	活	絵	キ	パ	エ	ー	イ	プ	ム	写	ム	影	ン	ハ
ハ	釣	喜	画	プ	ラ	魔	り	ー	レ	画	プ	ー	活	み
カ	キ	リ	芸	陶	物	絵	み	海	書	パ	陶	び	物	品
ク	グ	プ	影	ラ	パ	ル	絵	り	藻	品	ン	読	影	グ
写	ー	興	陶	ャ	活	イ	レ	狩	み	シ	ダ	エ	ビ	狩
ズ	味	鮫	狩	絵	読	物	撮	絵	ル	ク	魚	キ	シ	う
び	撮	り	猟	ム	シ	撮	キ	グ	喜	ラ	ハ	ズ	レ	な
リ	鯨	ー	ゼ	真	た	こ	み	喜	ニ	ゲ	ー	園	パ	ぎ
物	ー	み	真	ハ	活	芸	ズ	編	カ	メ	ダ	コ	ゲ	活
ジ	法	フ	ス	ポ	ン	ジ	ン	画	ル	塩	ハ	ツ	影	み
ャ	ー	画	興	ク	イ	動	活	リ	イ	プ	絵	ナ	芸	活
ク	釣	シ	絵	グ	活	書	猟	品	ハ	ダ	ズ	リ	喜	び
品	興	絵	レ	ク	活	真	キ	陶	ン	物	り	ム	ゼ	シ

コーラル
カニ
イルカ
うなぎ
クラゲ
たこ
カキ
リーフ
海藻
エビ
スポンジ
潮汐
ツナ
カメ

59 - Force and Gravity

モ	狩	喜	編	書	ズ	み	品	エ	ユ	ニ	バ	ー	サ	ル
ズ	ー	エ	ク	書	イ	活	物	ル	編	写	書	距	発	ゼ
陶	編	シ	興	品	ゼ	イ	り	撮	ズ	影	響	離	ラ	見
ク	味	画	ョ	プ	ロ	パ	テ	ィ	ハ	編	ゼ	法	ー	編
物	画	ー	法	ン	ズ	絵	み	レ	ャ	活	グ	ハ	ゲ	ャ
び	ム	書	ゲ	軌	道	ゲ	書	イ	シ	狩	ゲ	書	ダ	興
シ	活	味	物	ダ	品	速	度	品	ー	り	び	ル	魔	編
猟	ズ	シ	真	レ	み	法	狩	ル	キ	ジ	画	ー	力	学
イ	動	ン	ゲ	シ	活	撮	法	品	り	ド	物	レ	猟	動
ダ	的	陶	真	編	み	軸	セ	ン	タ	ー	キ	画	喜	摩
猟	レ	活	真	時	間	真	園	物	動	ュ	園	ラ	読	擦
重	さ	読	読	影	ン	動	ャ	喜	陶	チ	ゼ	ー	芸	釣
法	拡	釣	物	ゲ	編	写	ム	味	物	ニ	ゼ	み	ク	編
り	張	編	り	園	ャ	芸	圧	リ	魔	グ	写	物	芸	猟
動	写	磁	気	物	理	学	猟	力	影	マ	書	写	猟	り

センター
発見
距離
動的
拡張
摩擦
影響
磁気
マグニチュード
力学

モーション
軌道
物理学
圧力
プロパティ
速度
時間
ユニバーサル
重さ

60 - Birds

リ	画	オ	ウ	ム	ク	カ	ペ	ン	ギ	ン	び	ク	び	ゼ
影	ト	グ	パ	画	フ	び	ナ	動	白	ー	猟	り	陶	ー
ハ	キ	ノ	釣	ー	魔	ラ	物	リ	鳥	ル	読	ゼ	物	ペ
カ	ッ	コ	ウ	ョ	チ	ガ	ミ	陶	ア	ン	ク	ハ	魔	リ
ズ	狩	び	ョ	コ	品	画	影	ン	編	品	画	興	ハ	カ
物	写	活	チ	み	ゼ	写	味	ー	ゴ	魔	画	園	グ	ン
キ	イ	リ	ダ	ャ	び	狩	法	芸	ル	釣	工	品	読	絵
ン	猟	物	ル	ズ	ジ	ズ	シ	ゼ	エ	ル	猟	物	イ	ジ
魔	喜	ラ	猟	品	撮	喜	撮	写	真	影	キ	ー	編	り
オ	オ	ハ	シ	編	パ	法	ー	ジ	キ	チ	キ	ン	喜	撮
ズ	喜	ハ	パ	狩	影	ス	品	ム	読	ダ	物	グ	興	シ
卵	真	写	書	ゲ	鳩	ズ	写	孔	ア	ヒ	ル	ズ	芸	ン
カ	物	編	写	画	法	メ	動	雀	パ	シ	パ	物	パ	サ
ラ	キ	ン	画	喜	リ	ー	ゼ	味	ム	読	パ	影	釣	ギ
ス	び	り	プ	リ	鷺	イ	釣	ー	ラ	レ	影	ダ	読	陶

カナリア
チキン
カラス
カッコウ
アヒル
フラミンゴ
ガチョウ
サギ
ダチョウ
オウム
孔雀
ペリカン
ペンギン
スズメ
コウノトリ
白鳥
オオハシ

61 - Nutrition

元	ク	ラ	苦	影	レ	芸	書	み	猟	プ	真	釣	タ	ゼ
気	書	真	い	グ	ャ	エ	ャ	リ	魔	ラ	り	釣	ン	用
絵	品	動	撮	狩	ム	ー	炭	ク	ゲ	リ	書	編	パ	食
ン	芸	ダ	ク	ハ	味	イ	狩	水	シ	芸	喜	ソ	ク	欲
キ	物	習	り	真	絵	ラ	書	写	化	芸	絵	ー	質	重
健	康	慣	画	ン	園	プ	芸	プ	消	物	ダ	ス	ン	さ
喜	影	ク	ャ	ゼ	品	質	品	エ	書	ラ	イ	プ	編	プ
編	ル	動	編	イ	ゼ	品	芸	法	絵	動	エ	発	酵	イ
シ	影	ズ	ハ	ャ	パ	ル	栄	シ	ハ	ゲ	ッ	法	興	品
写	キ	ム	プ	び	写	パ	養	園	レ	法	ト	び	法	物
バ	ク	プ	ク	カ	ク	猟	素	プ	撮	物	ズ	シ	ム	影
ズ	ラ	プ	グ	釣	ロ	真	品	ダ	物	ー	写	リ	パ	動
毒	素	ン	ミ	タ	ビ	リ	パ	ク	品	動	絵	陶	キ	影
味	ル	撮	ス	釣	イ	ル	ー	み	撮	魔	ル	パ	活	ム
ラ	レ	レ	プ	味	ズ	狩	レ	ン	ダ	グ	エ	陶	ラ	法

食欲
バランス
苦い
カロリー
炭水化物
ダイエット
消化
食用
発酵
習慣
健康
元気
栄養素
タンパク質
品質
ソース
毒素
ビタミン
重さ

62 - Hiking

レ	ズ	真	園	ダ	陶	太	び	絵	ン	プ	ク	ラ	撮	物
興	重	い	影	狩	み	陽	水	エ	猟	ゼ	サ	ミ	ッ	ト
ー	ー	リ	狩	グ	パ	真	ラ	園	写	園	画	園	撮	ゲ
プ	キ	書	味	ム	グ	り	シ	ル	グ	興	法	地	ラ	グ
影	グ	興	狩	ャ	グ	編	び	リ	ク	自	然	図	り	ン
写	写	ハ	ジ	グ	園	び	芸	法	公	ハ	法	絵	ン	撮
オ	動	ン	キ	エ	喜	エ	影	気	候	園	写	ガ	魔	猟
読	リ	グ	ゲ	疲	れ	た	キ	ャ	ン	プ	石	イ	味	び
ゲ	プ	エ	ブ	ー	ツ	ラ	ダ	グ	物	レ	ズ	ド	釣	崖
活	プ	ズ	ン	喜	ジ	ム	魔	び	ー	山	ー	ダ	イ	影
撮	エ	プ	ー	テ	ゼ	ン	ラ	写	ゼ	キ	ゲ	ム	ー	釣
画	猟	パ	品	猟	ー	グ	影	エ	画	ー	ク	ン	グ	パ
動	ャ	リ	ゼ	釣	園	シ	物	ム	影	ン	リ	物	興	読
物	物	蚊	準	備	活	キ	ョ	み	野	狩	釣	ャ	リ	ム
味	芸	影	芸	ゼ	レ	味	喜	ン	生	ム	読	ズ	プ	法

動物
ブーツ
キャンプ
気候
ガイド
重い
地図
自然
オリエンテーション
公園
準備
サミット
太陽
疲れた
野生

63 - Professions #1

グ	テ	チ	興	リ	ハ	り	ン	パ	イ	品	パ	品	ャ	陶
味	ゲ	ー	ル	ダ	動	影	味	喜	魔	ゼ	絵	画	ル	イ
レ	ゲ	コ	ラ	味	書	び	み	リ	ク	狩	ズ	び	ゲ	ジ
編	び	み	物	ー	ラ	陶	グ	魔	影	看	園	芸	ズ	撮
び	興	法	味	グ	真	イ	画	グ	プ	護	写	リ	園	編
ダ	み	ル	動	ハ	写	エ	者	ク	ク	婦	大	ャ	イ	写
弁	物	ジ	び	び	リ	ム	作	キ	キ	撮	使	狩	ー	ラ
レ	護	ン	書	リ	釣	画	製	宝	パ	法	物	ジ	キ	ン
読	ム	士	撮	銀	陶	レ	図	石	ハ	ン	タ	ー	ズ	味
配	管	エ	物	行	ャ	セ	地	商	物	エ	び	ル	狩	エ
ム	ル	ー	喜	家	喜	ー	心	質	品	リ	猟	ゲ	び	シ
ピ	ア	ニ	ス	ト	音	ラ	理	写	学	り	シ	喜	陶	踊
ラ	物	真	書	レ	楽	ー	学	ジ	リ	者	学	文	天	り
興	読	リ	喜	読	家	活	者	集	編	医	リ	ン	キ	子
パ	編	興	影	シ	び	釣	読	ク	書	獣	狩	ー	ー	陶

大使
天文学者
弁護士
銀行家
地図製作者
コーチ
踊り子
医者
編集者
地質学者
ハンター
宝石商
音楽家
看護婦
ピアニスト
配管工
心理学者
セーラー
テーラー
獣医

64 - Barbecues

ソ	味	パ	リ	ム	興	影	ム	影	物	イ	釣	ゲ	園	芸
ク	ー	ォ	フ	チ	キ	ン	ャ	物	グ	ベ	ル	ー	り	喜
ム	り	ス	陶	ラ	ク	ン	グ	エ	ム	タ	食	ム	ダ	シ
ナ	イ	フ	喜	リ	影	写	グ	画	喜	夏	ル	編	レ	品
ー	編	シ	パ	ム	ラ	ゲ	み	影	み	ゲ	レ	パ	興	ダ
み	ル	パ	グ	プ	り	イ	芸	編	法	ム	魔	猟	パ	読
興	ゼ	影	リ	フ	ル	ー	ツ	ダ	エ	ク	魔	真	芸	撮
り	ル	び	ル	狩	画	猟	ム	リ	シ	キ	陶	リ	動	ハ
釣	喜	品	ゼ	ジ	塩	興	撮	味	興	法	り	友	み	み
園	絵	味	レ	家	族	ト	パ	飢	真	ン	パ	達	供	子
イ	ジ	写	パ	エ	ゼ	マ	写	餓	ダ	影	撮	物	ク	ム
サ	リ	野	菜	園	影	ト	法	プ	絵	ゼ	び	園	エ	陶
ラ	芸	リ	ホ	ゼ	グ	真	猟	ゲ	品	リ	レ	ズ	エ	興
ダ	音	芸	ッ	イ	興	キ	釣	写	書	真	レ	品	狩	釣
撮	ラ	楽	ト	写	キ	プ	動	動	狩	物	画	グ	活	狩

チキン
子供達
夕食
家族
食べ物
フォーク
友達
フルーツ
ゲーム

グリル
ホット
飢餓
ナイフ
音楽
サラダ
ソース
トマト
野菜

65 - Chocolate

物	興	喜	り	品	ル	メ	ラ	カ	狩	カ	カ	オ	猟	味
酸	キ	物	活	み	ラ	猟	パ	ロ	物	グ	喜	絵	ラ	ジ
粉	化	写	グ	レ	甘	興	品	リ	エ	キ	ゾ	チ	ッ	ク
ダ	真	防	釣	シ	喜	い	芸	ー	釣	猟	芸	り	魔	み
み	ハ	み	止	ピ	キ	苦	読	ハ	パ	香	り	グ	り	編
物	び	み	キ	剤	魔	釣	真	ハ	ー	ズ	入	ダ	品	質
ゲ	ン	ゼ	写	品	真	書	釣	物	園	絵	に	ズ	り	活
コ	ル	グ	魔	ャ	ダ	読	活	工	画	絵	気	書	撮	真
コ	編	ゼ	撮	撮	ラ	喜	ゲ	シ	ゲ	物	お	ー	写	絵
ナ	書	ク	真	芸	読	ク	シ	キ	影	動	ン	渇	望	ー
ッ	プ	ク	ダ	陶	イ	ー	び	狩	活	園	り	パ	法	ピ
ツ	写	キ	ク	影	み	画	釣	ム	物	ク	動	猟	編	ー
影	ラ	味	画	影	ラ	法	ハ	ズ	パ	ン	ン	書	シ	ナ
美	味	し	い	み	グ	法	み	画	成	職	書	砂	味	ッ
工	書	グ	釣	ダ	ム	び	ゼ	物	分	人	ゼ	品	糖	ツ

酸化防止剤
香り
職人
苦い
カカオ
カロリー
カラメル
ココナッツ
渇望

美味しい
エキゾチック
お気に入り
成分
ピーナッツ
品質
レシピ
砂糖
甘い

66 - Vegetables

ニ	サ	キ	ラ	画	ン	狩	狩	撮	物	ジ	レ	味	釣	ほ
味	ン	ラ	猟	ウ	ド	ン	エ	真	釣	猟	ジ	芸	リ	う
イ	猟	ニ	ダ	書	釣	動	シ	法	ダ	ャ	エ	り	影	れ
動	写	興	ク	釣	釣	グ	ャ	玉	葱	レ	だ	編	リ	ん
キ	真	ハ	読	法	興	ア	ロ	書	動	シ	品	い	絵	草
絵	ン	パ	ク	ジ	キ	ー	ッ	茄	ハ	ャ	喜	ダ	こ	絵
ハ	り	パ	猟	物	動	テ	ト	子	品	猟	カ	活	ル	ん
ャ	シ	ル	画	キ	活	ィ	法	物	撮	エ	リ	ズ	ク	じ
魔	ン	ラ	読	味	絵	チ	ダ	ズ	編	ー	フ	撮	ト	ん
リ	写	ハ	ー	ン	ャ	ョ	エ	書	読	リ	ラ	シ	マ	に
セ	ロ	リ	ウ	ュ	キ	ー	ズ	キ	ノ	コ	ワ	ョ	ト	喜
パ	エ	か	ぼ	ち	ゃ	ク	カ	ブ	び	ッ	ー	ウ	ジ	ル
ラ	釣	物	キ	影	編	キ	キ	び	イ	ロ	画	ガ	真	編
絵	編	編	シ	芸	ム	ー	編	猟	ム	ブ	ラ	リ	猟	法
ル	ゲ	キ	び	パ	味	ン	ラ	ダ	プ	エ	ン	活	画	絵

アーティチョーク
ブロッコリー
にんじん
カリフラワー
セロリ
キュウリ
茄子
ニンニク
ショウガ
キノコ
玉葱
パセリ
エンドウ
かぼちゃ
だいこん
サラダ
エシャロット
ほうれん草
トマト
カブ

67 - The Media

ン	レ	グ	写	通	猟	魔	物	オ	み	ロ	ル	シ	画	編
画	ジ	ム	真	陶	信	真	リ	ン	絵	み	ー	動	編	レ
ダ	芸	ー	び	シ	陶	ズ	芸	ラ	活	ン	び	カ	み	動
ゲ	猟	法	ン	ゼ	読	新	活	イ	広	ダ	び	り	ル	釣
読	工	資	金	調	達	聞	り	ン	告	読	喜	ラ	ダ	ャ
ャ	絵	味	り	釣	個	人	影	ゲ	撮	園	編	味	ジ	喜
び	写	び	グ	釣	物	デ	オ	み	芸	味	園	イ	ル	ャ
リ	キ	ズ	事	公	ラ	ム	ジ	教	育	ャ	ル	撮	興	ム
パ	芸	園	実	共	ー	絵	ラ	タ	版	芸	魔	画	通	意
り	画	興	ャ	興	興	魔	味	園	ル	絵	書	物	信	見
り	ン	狩	ダ	ズ	釣	読	イ	芸	狩	撮	キ	ー	網	ー
ゼ	プ	書	シ	読	ゼ	読	画	プ	エ	レ	態	度	ズ	物
園	ー	ズ	写	品	パ	書	ャ	撮	写	業	界	工	味	ハ
画	グ	品	編	ル	ラ	狩	撮	芸	味	商	編	知	ジ	陶
像	喜	書	画	ジ	ク	釣	魔	ゼ	写	編	ン	的	り	撮

広告
態度
商業
通信
デジタル
教育
事実
資金調達
画像
個人
業界
知的
ローカル
通信網
新聞
オンライン
意見
公共
ラジオ

68 - Boats

ブ	プ	ハ	絵	猟	グ	レ	カ	陶	釣	狩	ン	釣	ク	真
ジ	イ	カ	読	ー	園	エ	ヌ	読	り	陶	ャ	写	マ	活
ノ	活	味	ヤ	興	狩	真	ー	ク	喜	魔	パ	園	ス	味
ー	ル	ク	ー	ッ	シ	ヨ	編	真	品	読	動	み	ト	イ
テ	海	洋	絵	エ	ク	ッ	物	真	ジ	絵	写	び	興	リ
ィ	湖	陶	川	キ	画	ト	法	猟	影	ン	ド	ッ	ク	画
カ	物	興	ゲ	い	法	陶	ム	ン	物	プ	ズ	猟	画	イ
ル	ン	み	り	か	ム	パ	リ	影	ズ	キ	グ	ゼ	陶	読
シ	猟	絵	レ	だ	ャ	ラ	プ	品	興	キ	プ	活	動	ダ
魔	キ	物	ズ	ム	び	編	動	編	エ	ハ	り	魔	ズ	ー
パ	味	ダ	ー	編	ロ	ー	プ	シ	プ	ン	法	読	潮	編
喜	味	レ	ダ	ジ	興	カ	エ	ム	び	写	ジ	陶	び	味
イ	魔	ー	園	ダ	ラ	ン	釣	り	狩	ン	影	ン	ム	ゼ
ズ	喜	味	喜	ン	ゼ	ア	芸	動	キ	ズ	シ	り	狩	動
フ	ェ	リ	ー	ラ	ー	セ	ダ	リ	パ	陶	波	品	動	活

アンカー
ブイ
カヌー
クルー
ドック
エンジン
フェリー
カヤック
マスト
ノーティカル
海洋
いかだ
ロープ
セーラー
ヨット

69 - Activities and Leisure

バ	芸	プ	ハ	イ	キ	ン	グ	園	興	釣	真	撮	ゴ	書
水	ス	ン	ダ	ア	影	ー	イ	芸	興	喜	ク	キ	ル	芸
泳	ニ	ケ	動	ー	ハ	キ	物	イ	撮	ズ	ー	陶	フ	ー
リ	テ	書	ッ	ト	り	パ	芸	活	味	書	ム	エ	絵	撮
興	ー	ー	キ	ト	ャ	園	野	キ	写	ム	園	ー	魔	ー
読	グ	ン	シ	ク	ボ	猟	球	絵	撮	ム	魔	ラ	レ	ハ
ゼ	エ	リ	ラ	品	リ	ー	ハ	ゼ	ル	ジ	読	興	釣	リ
絵	画	写	シ	趣	ラ	カ	ル	園	画	猟	釣	狩	ゼ	み
旅	物	絵	興	味	ッ	ッ	ー	グ	物	パ	エ	釣	活	み
真	行	エ	ン	ム	ク	サ	ボ	芸	プ	陶	品	プ	り	法
真	興	喜	猟	芸	ス	キ	ー	ク	ダ	イ	ビ	ン	グ	撮
イ	ム	絵	芸	絵	陶	イ	レ	猟	ジ	釣	興	ャ	ン	リ
ズ	芸	画	ジ	ー	影	プ	バ	パ	ム	ン	グ	キ	シ	物
釣	魔	真	味	影	プ	編	イ	り	パ	イ	び	ー	ー	園
サ	ー	フ	ィ	ン	キ	キ	絵	書	み	ズ	法	グ	レ	び

アート
野球
バスケットボール
ボクシング
キャンプ
ダイビング
釣り
園芸
ゴルフ
ハイキング
趣味
絵画
レーシング
リラックス
サッカー
サーフィン
水泳
テニス
旅行
バレーボール

70 - Driving

オ	ジ	地	魔	味	味	ス	ラ	活	プ	書	魔	猟	読	リ
ゲ	ー	図	物	ャ	レ	ト	狩	エ	園	エ	魔	ン	交	レ
ラ	レ	ト	ル	ゼ	グ	リ	エ	シ	動	み	ル	書	通	車
狩	ガ	プ	バ	ン	ジ	ー	猟	警	察	猟	物	み	ゲ	写
魔	ス	ン	セ	イ	ラ	ト	歩	物	プ	ゲ	絵	ン	ゼ	影
グ	ク	ク	動	ー	動	み	行	魔	ラ	撮	リ	絵	レ	書
動	活	読	猟	ク	ク	ゼ	者	真	パ	道	魔	燃	料	ゲ
園	ク	園	影	絵	ジ	ャ	グ	グ	り	読	ラ	イ	影	キ
キ	パ	味	パ	魔	法	プ	写	み	ン	狩	品	陶	活	喜
モ	編	芸	安	ブ	レ	ー	キ	ト	ン	ネ	ル	ー	ト	写
ー	ラ	ャ	全	エ	ル	速	り	陶	ズ	イ	事	ゲ	ラ	魔
タ	陶	ャ	性	猟	画	書	度	リ	芸	ダ	ゼ	故	ッ	活
ー	画	釣	グ	ズ	危	険	絵	シ	イ	ラ	シ	興	ク	影
撮	魔	真	パ	ゼ	読	ク	ダ	画	影	シ	喜	ャ	ハ	動
ク	ガ	ス	味	ダ	ン	魔	ゲ	芸	ゲ	動	画	び	ゲ	品

事故
ブレーキ
危険
燃料
ガレージ
ガス
ライセンス
地図
モーター
オートバイ
歩行者
警察
安全性
速度
ストリート
交通
トラック
トンネル

71 - Biology

ゼ	ル	活	ー	ス	プ	ナ	シ	猟	法	ク	編	酵	素	狩
ゲ	動	り	レ	み	書	チ	ラ	タ	リ	味	活	釣	グ	味
シ	影	味	パ	活	魔	ュ	解	み	ン	パ	園	ゲ	シ	キ
ー	ャ	り	ャ	撮	キ	ラ	剖	菌	細	パ	物	パ	読	動
写	味	イ	レ	書	興	ル	学	ン	胞	魔	ク	ル	活	ル
味	魔	グ	パ	魔	法	ー	ゼ	ジ	ラ	真	キ	質	編	ダ
コ	ラ	ー	ゲ	ン	ズ	法	ル	影	ク	写	イ	ジ	品	ャ
ゼ	イ	狩	写	ャ	撮	光	ニ	ュ	ー	ロ	ン	撮	猟	ダ
突	然	変	異	品	パ	狩	合	キ	シ	胚	プ	ハ	ホ	シ
染	ズ	り	ン	ク	猟	読	園	成	ャ	パ	シ	ズ	ル	読
り	色	狩	書	イ	エ	パ	ダ	ダ	魔	共	生	書	モ	ル
品	釣	体	パ	ー	園	ハ	ジ	魔	絵	物	興	物	ン	ゲ
哺	乳	類	進	化	プ	ン	み	編	キ	法	シ	神	編	書
物	リ	虫	撮	書	活	読	ハ	読	浸	品	ジ	経	ラ	イ
書	写	爬	魔	物	ゼ	絵	シ	ジ	透	品	ゲ	パ	ル	ジ

解剖学
細菌
細胞
染色体
コラーゲン
酵素
進化
ホルモン
哺乳類
突然変異
ナチュラル
神経
ニューロン
浸透
光合成
タンパク質
爬虫類
共生
シナプス

72 - Professions #2

園	編	ト	ッ	ロ	イ	パ	猟	魔	司	み	釣	動	書	狩
宇	宙	飛	行	士	ラ	撮	ラ	ズ	書	動	物	学	者	イ
り	ク	パ	真	書	ス	魔	ズ	発	書	ン	ハ	ト	真	パ
イ	品	陶	画	ジ	ト	ハ	プ	み	明	ダ	品	ス	動	陶
書	み	ン	び	書	レ	ャ	外	科	医	者	ズ	リ	品	釣
陶	ン	り	狩	撮	ー	ー	物	釣	法	学	釣	ナ	プ	真
喜	プ	ン	読	ダ	タ	ズ	ー	パ	り	物	ダ	ー	プ	リ
写	パ	園	編	動	ー	ゼ	動	み	編	生	物	ャ	り	ン
医	師	歯	医	者	探	ズ	グ	ズ	キ	エ	ン	ジ	ニ	ア
物	言	釣	レ	書	偵	先	リ	ハ	陶	狩	活	リ	画	ダ
味	語	ム	農	庭	ク	リ	生	ゼ	ム	真	リ	ク	動	シ
法	学	グ	家	画	師	物	ダ	ダ	パ	ゼ	キ	ク	ゼ	釣
釣	者	動	魔	品	活	ゲ	写	リ	編	哲	プ	ゲ	び	キ
エ	レ	ム	プ	味	み	リ	ン	編	キ	学	ラ	写	真	家
法	ム	品	書	ジ	活	ル	真	シ	ダ	者	ン	ラ	り	喜

宇宙飛行士
生物学者
歯医者
探偵
エンジニア
農家
庭師
イラストレーター
発明者
ジャーナリスト
司書
言語学者
画家
哲学者
写真家
医師
パイロット
外科医
先生
動物学者

73 - Mythology

ク	ン	画	ダ	ャ	ン	ヒ	天	り	芸	ジ	文	化	エ	園
撮	読	真	写	魔	釣	ー	国	稲	み	園	ー	味	り	パ
原	型	味	編	書	ゼ	ロ	魔	妻	行	ラ	ャ	ゲ	プ	品
読	ル	影	書	リ	ダ	ー	ク	書	動	影	魔	レ	ゲ	イ
リ	園	モ	写	レ	編	撮	品	グ	ジ	画	グ	エ	写	芸
プ	絵	ン	品	編	ル	雷	グ	み	ゼ	ル	リ	真	ー	ゲ
ハ	イ	ス	真	絵	シ	エ	ン	ゼ	ジ	リ	ム	物	不	物
リ	ル	タ	ー	モ	ラ	釣	復	エ	味	真	シ	キ	死	嫉
ズ	グ	ー	物	プ	真	ャ	ル	讐	戦	リ	編	影	ル	妬
エ	イ	喜	パ	読	動	動	ゼ	ジ	士	芸	味	撮	パ	ラ
ラ	り	ゲ	ジ	真	画	狩	ゼ	プ	グ	信	物	エ	芸	ビ
み	味	プ	ダ	ャ	ン	エ	味	園	芸	念	芸	陶	園	リ
芸	興	撮	魔	書	ー	伝	説	編	真	作	芸	狩	撮	ン
釣	品	神	生	き	物	災	パ	ゲ	読	キ	成	芸	ダ	ス
法	真	々	興	編	読	害	ハ	ン	ハ	物	ー	物	陶	エ

原型
行動
信念
作成
生き物
文化
神々
災害
天国
ヒーロー

不死
嫉妬
ラビリンス
伝説
稲妻
モンスター
モータル
復讐
戦士

74 - Agronomy

イ	プ	ゲ	法	味	陶	野	シ	陶	農	陶	レ	書	リ	ゼ
編	活	陶	書	ン	エ	菜	ス	ム	業	ゼ	パ	陶	活	ー
喜	画	パ	書	喜	パ	び	テ	芸	陶	リ	プ	ズ	ジ	興
ラ	勉	ジ	プ	芸	芸	ジ	ム	レ	活	影	レ	書	猟	芸
読	強	キ	猟	狩	り	ン	ク	ズ	パ	り	ダ	ー	影	ン
侵	喜	ズ	ジ	書	釣	ゲ	魔	シ	撮	田	ル	画	ク	イ
食	影	種	子	喜	リ	水	科	学	有	舎	シ	活	ゲ	画
リ	ン	画	興	パ	影	魔	食	態	機	魔	プ	ゲ	書	び
ハ	味	び	芸	エ	芸	画	べ	生	魔	芸	み	法	り	ジ
影	ー	画	ダ	ャ	ネ	書	物	植	キ	ダ	活	ャ	エ	成
画	エ	陶	ン	編	写	ル	肥	ゼ	プ	狩	ク	ル	物	長
リ	ラ	魔	影	生	物	園	ギ	料	エ	陶	釣	び	ン	真
興	汚	ン	ハ	物	産	ダ	釣	ー	環	境	画	喜	ゲ	ゲ
プ	染	ゼ	活	ジ	プ	猟	物	病	み	ル	魔	読	影	撮
釣	猟	陶	味	パ	ズ	ラ	読	気	読	ン	イ	ジ	狩	ゲ

農業
病気
生態学
エネルギー
環境
侵食
肥料
食べ物
成長
有機
植物
汚染
生産
田舎
科学
種子
勉強
システム
野菜

75 - Hair Types

カ	ン	頭	釣	三	ズ	元	興	猟	薄	い	味	カ	撮	り
ー	レ	グ	皮	つ	絵	気	物	写	エ	白	グ	写	ー	物
リ	ン	写	真	編	品	芸	ソ	プ	味	ゼ	撮	ン	読	ル
ー	ジ	狩	ゲ	み	パ	編	フ	猟	興	ム	禿	シ	リ	読
ニ	法	パ	シ	編	パ	組	ト	ー	リ	猟	み	イ	り	ズ
イ	グ	画	ダ	ン	味	品	ン	ジ	り	ン	園	レ	読	ゲ
ャ	ゼ	パ	プ	シ	び	動	喜	絵	猟	ブ	読	味	画	ブ
シ	ゲ	喜	レ	編	ダ	画	レ	撮	エ	イ	ラ	ド	魔	ロ
ジ	園	ク	芸	陶	ー	ジ	み	狩	厚	茶	色	ッ	法	ン
魔	編	ー	ン	ム	ゲ	ジ	釣	ャ	い	ジ	シ	ー	ク	ド
ジ	び	読	ゲ	有	活	喜	読	写	活	短	い	陶	陶	園
ダ	真	グ	絵	色	読	猟	ャ	書	猟	ズ	キ	喜	狩	興
芸	銀	読	ン	ゲ	画	レ	園	釣	喜	芸	釣	パ	ゲ	パ
絵	撮	法	味	ハ	ラ	ル	法	ャ	リ	園	ジ	み	ー	ル
撮	撮	ン	ル	編	魔	ゼ	ジ	画	狩	み	活	ラ	ラ	ン

ブラック
ブロンド
編組
三つ編み
茶色
有色
カール
カーリー
ドライ
グレー
元気
頭皮
シャイニー
短い
ソフト
厚い
薄い
白い

76 - Furniture

ゼ	書	味	写	活	ア	狩	び	編	狩	ゼ	ラ	び	ム	ズ
ラ	レ	リ	猟	ラ	味	ー	カ	ズ	シ	ラ	芸	エ	猟	パ
陶	画	ク	ッ	シ	ョ	ン	ム	ー	書	ン	写	読	グ	レ
喜	味	ム	魔	絵	み	ダ	ク	チ	テ	プ	絵	イ	活	品
影	撮	品	写	園	絵	エ	リ	ン	ェ	ン	ダ	び	撮	撮
ゲ	机	シ	エ	ゲ	陶	魔	真	ベ	ン	ア	写	ダ	物	ム
レ	ク	釣	リ	真	編	エ	パ	陶	ゼ	画	ャ	リ	ク	編
ラ	動	写	ゲ	ム	ク	撮	魔	り	イ	ム	書	ズ	キ	画
グ	書	本	ド	レ	ッ	サ	ー	鏡	興	み	品	ハ	ズ	プ
イ	ハ	棚	グ	ダ	画	法	リ	魔	布	団	ゲ	ン	物	枕
プ	ハ	戸	椅	芸	ン	写	ハ	園	ズ	布	ジ	モ	魔	ソ
ク	絵	ル	子	物	び	画	陶	陶	シ	け	編	ッ	芸	フ
読	ャ	ル	プ	法	猟	プ	画	ー	び	掛	ゼ	ク	ゼ	ァ
マ	ッ	ト	レ	ス	ル	グ	編	画	ベ	ッ	ド	ラ	ゼ	編
ン	画	レ	シ	芸	撮	編	画	ハ	活	味	び	園	び	ハ

アームチェア
戸棚
ベッド
ベンチ
本棚
椅子
掛け布団
ソファ

カーテン
クッション
ドレッサー
布団
ハンモック
ランプ
マットレス
ラグ

77 - Garden

ャ	ダ	ズ	ベ	ン	チ	ブ	プ	陶	パ	庭	絵	書	陶	イ
イ	パ	陶	ゲ	ク	ー	ッ	ラ	影	ン	イ	エ	物	編	真
ゲ	ム	プ	シ	ン	ポ	シ	園	法	狩	び	ズ	キ	レ	ダ
ズ	書	ャ	ハ	ー	エ	ュ	プ	み	ク	絵	パ	魔	写	ラ
ム	品	読	み	影	活	物	味	編	ッ	草	雑	テ	撮	動
レ	レ	編	味	ク	ジ	ゼ	ン	撮	モ	影	ン	ス	ラ	ズ
活	動	ズ	ハ	イ	品	絵	ト	ラ	ン	ポ	リ	ン	み	ス
興	み	陶	動	狩	物	釣	ャ	動	ハ	動	真	ェ	ー	ー
エ	動	パ	影	法	ジ	物	キ	木	ズ	み	ク	フ	品	ホ
釣	ー	ル	ル	味	花	リ	魔	芝	生	芸	ゲ	ズ	ダ	み
動	狩	味	ベ	キ	イ	ー	書	ャ	岩	真	動	影	画	ク
オ	ー	チ	ャ	ー	ド	品	ャ	撮	び	ガ	魔	ジ	画	ラ
レ	リ	撮	シ	ン	画	喜	芸	イ	読	レ	イ	興	ク	興
喜	ゲ	芸	物	芸	池	真	ラ	猟	グ	ー	エ	編	絵	読
り	ズ	ル	ム	画	シ	み	ジ	熊	手	ジ	猟	編	撮	ラ

ベンチ
ブッシュ
フェンス
ガレージ
ハンモック
ホース
芝生
オーチャード
ポーチ
熊手
シャベル
テラス
トランポリン
雑草

78 - Diplomacy

解	芸	編	ク	リ	撮	ゼ	グ	芸	物	ル	パ	影	写	絵
猟	像	法	び	イ	ン	ル	画	興	魔	市	民	喜	パ	ム
書	プ	度	ム	芸	顧	み	品	園	議	魔	撮	撮	真	品
画	シ	ビ	ッ	ク	問	法	グ	撮	論	物	ジ	園	イ	レ
グ	ハ	絵	ダ	ゲ	ラ	真	物	協	画	読	品	外	ン	ハ
ャ	陶	喜	ハ	ー	魔	園	ャ	力	書	写	リ	交	魔	撮
猟	ジ	リ	書	動	イ	ハ	影	絵	真	写	ラ	シ	グ	絵
キ	ャ	ズ	み	ン	釣	レ	プ	ラ	エ	グ	撮	キ	編	ム
条	画	撮	ジ	物	興	陶	法	解	影	ル	影	画	魔	ハ
約	イ	ャ	猟	プ	園	真	動	決	パ	ズ	園	編	猟	読
興	ゼ	撮	影	画	ム	グ	ゲ	キ	ク	ー	絵	影	編	イ
り	ゼ	影	ハ	絵	エ	写	読	写	芸	ム	ー	味	府	編
人	道	主	義	者	パ	ム	ャ	ン	ジ	整	合	性	政	法
使	絵	動	正	義	コ	ミ	ュ	ニ	テ	ィ	安	プ	対	治
大	使	館	ン	ー	園	ン	園	プ	倫	理	プ	全	立	狩

顧問
大使
市民
シビック
コミュニティ
対立
協力
外交
議論
大使館

倫理
政府
人道主義者
整合性
正義
政治
解像度
安全
解決
条約

79 - Countries #1

モ	編	品	ム	び	ズ	キ	ル	ス	絵	び	味	パ	リ	キ
イ	ロ	画	り	絵	ブ	活	ー	キ	ペ	芸	ゲ	ナ	イ	ル
ャ	品	ッ	ゲ	ク	ラ	イ	マ	リ	ツ	イ	ド	マ	イ	園
イ	書	動	コ	画	ジ	び	ニ	グ	真	書	ン	ラ	ズ	ン
法	画	ー	ェ	ウ	ル	ノ	ア	ビ	ト	ラ	ラ	み	リ	パ
エ	ジ	プ	ト	ベ	ネ	ズ	エ	ラ	魔	ー	ー	影	釣	イ
セ	ネ	ガ	ル	ダ	パ	物	レ	キ	陶	味	ポ	猟	活	キ
読	狩	絵	エ	グ	書	猟	シ	グ	芸	ラ	ハ	真	芸	ク
編	法	ル	ラ	ラ	グ	レ	カ	ナ	ダ	リ	ビ	ア	ク	フ
芸	ニ	陶	ス	ラ	ベ	ト	ナ	ム	品	ャ	猟	プ	撮	ィ
陶	シ	カ	イ	猟	リ	び	ダ	ダ	活	り	活	ム	園	ン
ン	ジ	ゲ	ラ	動	味	絵	ジ	ャ	イ	グ	み	ダ	狩	ラ
イ	タ	リ	ア	グ	ン	真	り	写	キ	パ	ゼ	陶	味	ン
活	真	ラ	び	ム	ア	撮	ゲ	法	レ	リ	読	品	ル	ド
み	パ	リ	写	イ	ル	動	ー	読	画	グ	興	写	味	リ

ブラジル
カナダ
エジプト
フィンランド
ドイツ
イラク
イスラエル
イタリア
ラトビア
リビア
モロッコ
ニカラグア
ノルウェー
パナマ
ポーランド
ルーマニア
セネガル
スペイン
ベネズエラ
ベトナム

80 - Adjectives #1

魔	エ	ャ	ン	興	影	編	書	み	ル	ン	プ	エ	撮	プ
キ	ル	グ	ズ	重	要	撮	ジ	陶	ー	リ	影	絵	ゲ	パ
芳	香	族	園	ク	陶	ゲ	読	プ	ハ	ッ	ピ	ー	動	喜
狩	シ	影	園	画	び	画	キ	野	心	的	猟	絵	パ	魔
モ	ダ	ン	シ	プ	ク	貴	重	ャ	物	み	術	読	興	ズ
芸	ゲ	パ	猟	画	み	正	レ	撮	影	シ	ャ	芸	写	ゲ
ジ	魔	興	興	キ	び	直	狩	釣	暗	猟	ン	パ	画	ジ
グ	活	キ	影	ー	ダ	み	ラ	釣	い	リ	ラ	書	ゼ	釣
プ	り	写	狩	影	リ	エ	綺	麗	な	重	書	味	ー	レ
ン	興	ン	動	物	写	キ	薄	ダ	大	ゼ	影	ン	釣	レ
画	活	読	ズ	芸	園	ゾ	ゲ	い	寛	写	み	物	ャ	編
ー	ゼ	影	絵	同	ー	チ	キ	深	刻	影	絶	対	写	撮
巨	大	な	絵	猟	絵	ッ	遅	い	ズ	陶	編	園	レ	写
ク	芸	読	ゼ	編	ジ	ク	画	み	リ	影	編	エ	法	キ
み	ハ	物	写	レ	ラ	み	リ	活	ハ	み	書	魅	力	的

絶対
野心的
芳香族
芸術的
魅力的
綺麗な
暗い
エキゾチック
寛大な
ハッピー

重い
正直
巨大な
同一
重要
モダン
深刻
遅い
薄い
貴重

81 - Rainforest

キ	法	気	哺	ゲ	ズ	ゼ	ズ	画	写	び	エ	コ	画	ゼ
猟	編	候	乳	ル	釣	り	び	物	鳥	キ	ジ	ミ	狩	ャ
ラ	パ	園	類	び	読	ハ	ラ	パ	プ	イ	動	ュ	魔	真
書	猟	レ	植	ラ	エ	魔	陶	ム	エ	魔	活	ニ	ジ	喜
ズ	エ	り	物	虫	ル	真	復	ラ	ジ	レ	ム	テ	動	ジ
動	び	り	ズ	ー	レ	ジ	レ	元	イ	読	陶	ィ	ム	パ
ダ	魔	ル	多	ク	ゲ	真	ャ	喜	避	ダ	園	品	ン	物
影	保	編	様	グ	写	ン	活	ン	難	芸	み	狩	ゼ	書
園	ー	存	性	釣	活	自	ジ	キ	グ	レ	真	法	味	ム
ン	両	生	類	苔	シ	然	雲	ズ	ク	ル	り	種	ズ	レ
び	シ	パ	写	撮	ン	パ	ー	読	ー	読	ゼ	び	園	シ
真	味	法	キ	真	品	貴	重	エ	喜	興	狩	キ	イ	狩
活	ズ	プ	真	り	ク	魔	影	ャ	絵	ジ	品	エ	グ	エ
先	住	民	族	シ	パ	絵	画	ク	ズ	編	ー	ー	グ	陶
ハ	法	狩	ム	釣	画	絵	園	ゲ	動	シ	芸	画	尊	敬

両生類
植物
気候
コミュニティ
多様性
先住民族
ジャングル
哺乳類
自然
保存
避難
尊敬
復元
生存
貴重

82 - Global Warming

リ	動	ゼ	物	発	人	び	狩	シ	デ	リ	ー	エ	ジ	興
読	ゲ	ン	魔	達	ロ	り	写	シ	パ	ー	書	ネ	写	狩
法	律	キ	ム	喜	絵	画	気	キ	陶	ゼ	タ	ル	園	ク
味	画	園	書	動	ジ	ル	候	影	ダ	絵	ズ	ギ	ル	危
パ	ン	写	プ	パ	芸	ー	ガ	グ	エ	影	イ	ー	興	機
ゼ	法	影	芸	影	エ	び	ー	ス	シ	味	ハ	魔	真	真
グ	プ	北	極	園	政	府	世	国	ャ	写	動	レ	品	み
画	ラ	物	シ	ゼ	絵	プ	代	際	び	真	釣	書	リ	ハ
パ	真	ゼ	動	ル	編	魔	ゲ	未	来	写	ン	ハ	ン	読
シ	読	ン	ャ	業	界	注	園	書	喜	プ	ン	品	品	ラ
パ	画	プ	写	絵	ム	意	今	び	び	ル	釣	法	生	温
ャ	絵	エ	ャ	物	ダ	ゼ	ル	エ	陶	ン	イ	シ	息	度
写	絵	科	読	活	環	陶	釣	撮	編	喜	ン	キ	地	パ
編	魔	学	キ	真	レ	境	釣	動	ラ	シ	動	イ	ダ	パ
シ	書	者	プ	ー	動	び	真	グ	ル	ゼ	ゼ	興	び	画

北極
注意
気候
危機
データ
発達
エネルギー
環境
未来
ガス

世代
政府
生息地
業界
国際
法律
人口
科学者
温度

83 - Landscapes

ル	法	パ	ャ	洞	窟	ビ	リ	シ	プ	真	川	ジ	書	味
猟	び	釣	猟	喜	法	ー	キ	ダ	シ	画	ム	レ	絵	ジ
物	書	味	間	欠	泉	チ	影	真	び	画	湖	山	ハ	み
ン	ズ	り	写	ゼ	真	喜	び	絵	ー	喜	物	り	興	パ
グ	喜	イ	画	味	ム	編	ャ	エ	猟	ム	ー	ジ	ラ	ル
プ	び	キ	釣	エ	魔	味	ラ	ャ	興	猟	読	写	シ	ル
キ	釣	狩	画	味	リ	園	ゼ	書	エ	レ	喜	プ	シ	法
砂	ハ	エ	ズ	喜	シ	ク	味	活	ゲ	ダ	火	影	海	谷
漠	ズ	ム	ダ	キ	興	河	パ	パ	り	イ	ン	山	書	リ
猟	ラ	真	海	パ	ツ	氷	山	芸	プ	レ	ズ	園	真	イ
ン	り	キ	リ	洋	ン	活	書	物	半	島	グ	陶	滝	興
撮	ン	動	喜	ズ	ド	写	影	ラ	パ	び	み	味	シ	ハ
オ	ア	シ	ス	島	ラ	パ	味	陶	ー	書	真	園	園	プ
リ	プ	影	イ	書	パ	園	ル	パ	喜	猟	写	ル	写	キ
ゲ	ハ	び	読	物	書	沼	読	レ	キ	絵	丘	ン	編	影

ビーチ
洞窟
砂漠
間欠泉
氷河
氷山
オアシス
海洋
半島
ツンドラ
火山

84 - Visual Arts

活	品	釣	ア	イ	動	び	パ	撮	び	絵	ゲ	プ	傑	品
絵	粘	ジ	ー	ワ	撮	ズ	ズ	ー	写	絵	魔	ダ	作	写
写	レ	土	テ	ッ	撮	炭	編	絵	ス	撮	魔	パ	園	読
み	鉛	筆	ィ	ク	喜	ル	ム	読	釣	ぺ	芸	ズ	芸	品
猟	動	ー	ス	ス	ク	レ	り	リ	活	興	ク	写	法	味
リ	ゲ	興	ト	画	建	絵	編	芸	活	品	ズ	テ	リ	絵
ダ	絵	読	ー	真	築	ハ	ラ	レ	物	パ	興	活	ィ	画
構	成	グ	レ	画	グ	影	ラ	ム	パ	魔	ー	絵	グ	ブ
動	ズ	物	ト	読	陶	器	創	ダ	ジ	法	画	映	画	芸
活	ジ	ン	ー	陶	ゲ	画	レ	造	編	キ	書	芸	パ	活
書	キ	写	ポ	喜	狩	書	物	喜	性	エ	レ	味	グ	ク
魔	動	真	芸	編	撮	ク	書	陶	ゲ	活	法	ジ	プ	狩
釣	喜	り	物	狩	味	狩	活	ラ	編	ン	影	画	ン	彫
書	ク	ス	テ	ン	シ	ル	ゼ	ー	イ	チ	ョ	ー	ク	刻
イ	プ	パ	エ	ペ	写	法	イ	活	り	リ	グ	画	写	書

建築
アーティスト
チョーク
粘土
構成
創造性
イーゼル
映画
傑作
絵画
ペン
鉛筆
パースペクティブ
写真
ポートレート
陶器
彫刻
ステンシル
ワックス

85 - Plants

ブ	ム	ク	品	狩	ダ	ダ	品	根	写	ゼ	影	画	書	ジ
ム	ッ	プ	動	味	芸	ン	ズ	フ	庭	ジ	画	ク	読	撮
品	味	シ	リ	ル	ル	ン	ク	ロ	ム	釣	ズ	ク	動	み
味	シ	イ	ュ	園	品	竹	芸	ー	読	植	物	学	編	法
ハ	ジ	品	ン	ム	葉	物	編	ラ	リ	絵	活	ゲ	画	動
写	釣	ズ	陶	絵	写	み	ー	味	植	生	芸	活	ラ	法
ル	狩	シ	味	び	ゼ	シ	み	弁	木	プ	ー	絵	影	真
イ	パ	ム	エ	ク	真	ル	興	花	編	芸	サ	編	キ	興
品	ク	り	読	猟	品	陶	真	写	ャ	画	ボ	森	苔	芸
品	ー	猟	味	ジ	ラ	豆	エ	ム	リ	り	テ	ベ	リ	ー
写	ゼ	ー	エ	釣	ン	エ	ー	り	写	猟	ン	ー	喜	釣
シ	ダ	ル	興	法	活	写	影	絵	活	影	ハ	ハ	ゼ	書
品	ム	写	肥	み	読	草	グ	ゲ	物	釣	書	キ	み	ム
喜	ク	写	料	ル	み	茎	エ	グ	園	ャ	写	蔦	真	リ
レ	ラ	ー	ゲ	ハ	読	画	品	イ	ン	ム	撮	喜	書	活

ベリー
植物学
ブッシュ
サボテン
肥料
フローラ
花弁
植生

86 - Boxing

フ	プ	魔	相	写	ポ	興	パ	キ	ゲ	コ	グ	ー	ー	読
釣	ォ	シ	審	手	イ	ベ	書	ッ	プ	ー	ロ	り	グ	ダ
陶	ゼ	ー	判	書	ン	ル	ダ	ク	活	ナ	真	絵	ダ	レ
ゼ	興	レ	カ	ク	ト	疲	れ	た	イ	ー	パ	ダ	撮	画
ズ	撮	ズ	ハ	ス	ズ	撮	ゼ	喜	絵	撮	ラ	パ	パ	写
ク	ハ	ゲ	ハ	写	り	ジ	園	ク	味	書	パ	ズ	絵	怪
ム	書	ャ	キ	味	シ	猟	味	園	撮	芸	芸	ダ	シ	我
キ	リ	釣	撮	エ	影	ジ	レ	プ	強	さ	狩	編	狩	ャ
猟	喜	ー	味	動	書	ゲ	イ	撮	画	書	ー	ジ	グ	興
活	レ	シ	拳	物	ン	園	ゲ	キ	シ	芸	法	ャ	ャ	喜
び	法	回	み	ャ	芸	ゼ	写	動	グ	陶	シ	書	パ	ゲ
シ	肘	ム	復	イ	物	編	陶	体	戦	闘	機	レ	編	品
ク	ム	写	ス	キ	ル	陶	撮	プ	ー	園	パ	グ	法	リ
キ	園	グ	狩	グ	影	ク	ー	顎	プ	ゲ	エ	手	物	活
び	ル	撮	ャ	物	リ	品	り	狩	物	真	猟	袋	ル	ク

ベル
コーナー
疲れた
戦闘機
フォーカス
手袋
怪我
キック
相手
ポイント
回復
審判
ロープ
スキル
強さ

87 - Countries #2

び	釣	陶	園	ハ	エ	編	撮	ジ	レ	ゼ	絵	喜	陶	グ
ム	法	ク	陶	興	撮	グ	ム	活	ム	び	興	真	ゼ	シ
物	芸	イ	ラ	喜	ル	ゼ	書	ム	絵	狩	味	キ	ル	品
真	動	ロ	ハ	陶	動	真	狩	興	喜	ゼ	猟	メ	物	書
日	プ	シ	イ	ス	オ	ラ	動	レ	ン	タ	ス	キ	パ	写
本	び	ア	チ	ー	影	ム	動	ズ	グ	パ	ャ	シ	リ	ギ
ム	ハ	リ	ウ	ダ	ム	撮	ジ	興	動	シ	レ	コ	ダ	味
び	法	ベ	ク	ン	カ	喜	ー	写	グ	喜	ャ	バ	園	イ
興	シ	リ	ラ	ラ	イ	読	読	影	ラ	ア	法	撮	ノ	ダ
シ	画	ズ	イ	ム	マ	猟	品	喜	魔	ル	ー	パ	ネ	ン
ム	リ	写	ナ	ル	ャ	ゲ	ラ	エ	シ	バ	ム	イ	り	ガ
園	び	ア	リ	ェ	ジ	イ	ナ	チ	ム	ニ	ン	味	物	ウ
ク	猟	ズ	リ	ー	陶	猟	興	オ	ズ	ア	ズ	編	ハ	味
編	法	ク	ー	マ	ン	デ	猟	ピ	品	ジ	物	ン	書	ャ
品	ャ	猟	グ	ル	ソ	み	レ	ア	味	ク	ジ	み	グ	陶

アルバニア
デンマーク
エチオピア
ギリシャ
ハイチ
ジャマイカ
日本
ラオス
レバノン
リベリア
メキシコ
ネパール
ナイジェリア
パキスタン
ロシア
ソマリア
スーダン
シリア
ウガンダ
ウクライナ

88 - Ecology

イ	マ	動	物	相	ル	味	法	芸	絵	狩	ム	生	園	ン
シ	ー	ム	植	気	候	ボ	ラ	ン	テ	ィ	ア	息	植	真
編	シ	ナ	陶	プ	書	喜	リ	り	芸	ン	キ	地	動	喜
陶	ュ	チ	ャ	撮	レ	プ	書	写	ゲ	リ	ク	ス	ゼ	園
味	エ	ュ	味	び	ク	生	持	園	編	活	陶	ー	撮	物
ゼ	み	ラ	ー	ロ	フ	存	続	味	ル	編	マ	ソ	喜	イ
ゲ	び	ル	バ	ー	ロ	グ	可	猟	ル	活	ジ	リ	画	喜
グ	品	編	動	喜	コ	物	能	陶	撮	ハ	魔	狩	ン	味
エ	写	み	活	法	園	ミ	編	影	多	動	種	魔	動	エ
み	編	法	山	エ	自	書	ュ	法	様	芸	読	旱	プ	エ
陶	ゲ	興	プ	ラ	然	ゼ	ズ	ニ	性	び	ン	魃	グ	ン
り	シ	魔	釣	猟	ダ	法	ン	リ	テ	影	法	芸	ム	味
釣	書	ラ	パ	影	猟	物	園	活	レ	ィ	ダ	編	編	イ
編	書	シ	編	影	ン	シ	釣	動	書	猟	イ	編	び	品
イ	味	芸	陶	魔	絵	ン	書	ク	ー	喜	み	書	シ	動

気候
コミュニティ
多様性
旱魃
動物相
フローラ
グローバル
生息地
マリン
マーシュ
ナチュラル
自然
植物
リソース
生存
持続可能
植生
ボランティア

89 - Adjectives #2

責	真	シ	読	レ	リ	品	撮	生	野	エ	読	興	読	撮
ナ	任	味	パ	ハ	グ	イ	ャ	産	味	編	物	ン	ゼ	ズ
チ	撮	者	ハ	ム	び	ズ	ホ	的	プ	レ	ゼ	真	釣	法
ュ	グ	レ	ゲ	ク	ズ	キ	ド	ッ	テ	フ	ギ	写	写	読
ラ	園	キ	ゼ	動	写	影	写	読	ト	ン	ガ	レ	エ	味
ル	味	レ	魔	シ	キ	パ	編	眠	パ	ラ	ー	誇	り	影
読	読	活	シ	品	陶	ク	絵	ン	い	辛	塩	ン	絵	興
ズ	ハ	プ	猟	写	ハ	リ	ー	ン	強	で	ン	イ	写	味
ダ	写	活	活	み	興	エ	猟	活	プ	園	す	リ	元	気
ゼ	味	動	影	パ	物	イ	ラ	ド	ン	ジ	び	説	明	ズ
面	白	い	有	名	な	テ	動	真	シ	陶	ジ	陶	陶	興
ズ	シ	ム	エ	ハ	び	ィ	み	エ	陶	陶	魔	法	法	ム
興	猟	プ	ラ	空	絵	ブ	オ	ー	セ	ン	テ	ィ	ッ	ク
法	編	み	ゼ	腹	び	書	新	法	品	ク	影	ル	リ	ー
ゲ	み	釣	陶	レ	び	プ	着	シ	シ	絵	狩	ラ	ゼ	芸

オーセンティック
クリエイティブ
説明
ドライ
エレガント
有名な
ギフテッド
元気
ホット
空腹

面白い
ナチュラル
新着
生産的
誇り
責任者
塩辛い
眠いです
強い
野生

90 - Psychology

ン	子	供	の	頃	自	猟	思	芸	絵	現	園	エ	ハ	び
法	ゲ	シ	釣	芸	ャ	我	い	ラ	ア	実	ゲ	プ	ャ	影
プ	ム	ハ	撮	園	真	ゲ	出	撮	対	イ	喜	絵	ャ	ャ
芸	ン	臨	絵	喜	芸	ゲ	無	ラ	立	味	デ	グ	陶	び
猟	絵	床	ム	動	エ	夢	意	感	魔	芸	真	ア	ゲ	猟
法	陶	ラ	画	写	影	リ	識	情	ャ	イ	ジ	評	価	芸
物	シ	ャ	品	興	釣	喜	ゼ	芸	物	味	ゼ	み	ラ	ン
動	画	陶	プ	魔	リ	影	ジ	味	ラ	経	験	真	ン	狩
物	活	イ	パ	み	絵	読	イ	行	動	釣	ズ	写	ム	ム
問	治	療	撮	芸	読	陶	認	芸	ハ	撮	魔	影	撮	グ
題	ラ	ゲ	ク	シ	び	法	知	レ	シ	影	エ	響	ム	狩
陶	感	芸	画	狩	読	キ	画	撮	パ	狩	影	グ	品	ジ
思	覚	写	ム	喜	ー	ム	パ	パ	影	興	編	物	狩	ャ
考	影	写	魔	リ	エ	活	り	動	撮	猟	写	編	画	ラ
ゼ	知	覚	狩	編	み	真	動	ダ	リ	ダ	狩	狩	パ	編

評価
行動
子供の頃
臨床
認知
対立
自我
感情
経験
アイデア
影響
思い出
知覚
問題
現実
感覚
治療
思考
無意識

91 - Math

画	角	物	撮	ゼ	平	矩	形	平	行	多	び	喜	ダ	ハ
プ	度	り	ズ	活	真	行	幾	何	学	角	物	半	狩	陶
釣	ン	ゲ	画	ズ	シ	パ	四	撮	リ	形	興	径	釣	猟
絵	ラ	プ	芸	喜	グ	絵	ハ	辺	書	り	エ	対	品	編
陶	び	ハ	影	ム	イ	読	エ	書	形	角	三	称	ク	ム
編	写	園	猟	真	活	キ	ー	編	字	和	影	撮	芸	品
画	シ	興	書	キ	シ	ゼ	書	指	数	分	陶	ボ	エ	写
イ	円	直	径	狩	ク	レ	キ	園	小	り	撮	リ	ゼ	撮
法	ャ	周	ル	ダ	絵	書	シ	ズ	絵	影	ハ	ュ	絵	ダ
ャ	プ	ラ	ゼ	陶	画	ゼ	狩	園	み	画	動	ー	り	動
興	り	陶	猟	ゼ	芸	狩	キ	エ	ジ	画	園	ム	ゲ	撮
方	程	式	ャ	興	ハ	ゲ	影	シ	周	読	興	ン	園	芸
ャ	活	り	釣	編	品	エ	園	ル	囲	影	み	算	編	り
ハ	味	影	動	リ	ム	り	撮	ム	シ	園	書	陶	術	園
釣	ャ	陶	活	品	撮	り	書	芸	芸	喜	法	ハ	編	活

角度
算術
円周
小数
直径
方程式
指数
分数
幾何学
数字

平行
平行四辺形
周囲
多角形
半径
矩形
対称
三角形
ボリューム

92 - Water

法	気	蒸	発	雪	撮	写	リ	動	狩	ゲ	洪	撮	ー	ダ
運	河	ャ	ゼ	リ	び	プ	喜	レ	ー	び	水	活	書	ズ
ン	灌	ル	パ	猟	喜	影	喜	芸	エ	キ	ム	レ	海	氷
り	活	漑	書	ー	園	ム	絵	ハ	リ	ケ	ー	ン	洋	絵
グ	園	イ	ジ	ー	猟	パ	ム	猟	釣	撮	影	撮	喜	絵
湖	ズ	プ	レ	法	物	ク	品	動	動	魔	ム	味	ン	読
グ	ラ	猟	ー	シ	ジ	真	狩	ダ	プ	霜	ー	リ	狩	画
書	り	レ	ズ	編	ム	キ	ダ	び	写	プ	写	ャ	ー	園
ク	ク	ク	真	猟	ダ	モ	ン	ス	ー	ン	ー	り	狩	編
水	分	品	リ	イ	読	猟	ゲ	魔	み	味	シ	プ	真	キ
編	ゼ	撮	ズ	た	っ	湿	度	動	芸	撮	ダ	ャ	編	み
園	キ	雨	グ	陶	園	ダ	ク	波	猟	物	活	芸	ワ	ゲ
ゲ	イ	法	ゲ	ー	ハ	味	エ	物	ダ	絵	間	欠	泉	ー
リ	猟	ク	ク	魔	エ	品	み	川	ダ	ゼ	絵	み	ム	法
ゲ	ラ	ハ	物	動	物	写	読	品	絵	ゲ	品	真	び	ム

運河
湿った
蒸発
洪水
間欠泉
湿度
ハリケーン
灌漑
水分
モンスーン
海洋
シャワー
蒸気

93 - Activities

狩	猟	ム	プ	物	リ	法	ゲ	ー	ダ	撮	り	真	物	狩
ハ	イ	キ	ン	グ	活	ト	ー	ア	魔	狩	写	ラ	キ	写
味	ク	猟	ャ	ョ	画	動	ム	ラ	ジ	狩	絵	動	芸	喜
ズ	り	エ	キ	ダ	シ	キ	法	ゲ	絵	ー	ム	真	狩	書
法	ダ	ン	シ	ン	グ	ー	ャ	ジ	レ	品	園	縫	ゼ	真
編	み	物	撮	ラ	グ	キ	ゼ	釣	り	興	レ	製	び	絵
狩	影	イ	ク	興	読	書	ク	ク	り	味	ャ	ク	猟	イ
喜	び	ハ	ダ	魔	法	物	喜	園	ラ	釣	写	ム	喜	み
み	動	影	ダ	猟	リ	釣	品	編	び	リ	園	芸	写	ム
物	魔	ル	読	写	ル	園	イ	園	ラ	品	影	ク	影	エ
エ	ラ	物	写	ゼ	ー	シ	動	プ	書	真	絵	撮	動	キ
動	芸	ル	真	狩	絵	写	キ	絵	リ	リ	興	物	ズ	ゼ
園	芸	品	撮	レ	ズ	ゼ	グ	画	影	ー	魔	み	猟	興
ー	狩	真	影	陶	シ	ラ	パ	ー	ス	キ	ル	ハ	味	編
み	キ	リ	プ	シ	動	ン	イ	味	グ	法	ク	ゲ	読	絵

活動
アート
キャンプ
工芸品
ダンシング
釣り
ゲーム
園芸
ハイキング
狩猟

興味
編み物
レジャー
魔法
写真撮影
喜び
読書
リラクゼーション
縫製
スキル

94 - Business

パ	レ	プ	味	画	レ	み	学	画	ダ	リ	編	書	狩	ク
ン	ル	シ	ル	芸	園	編	済	商	読	物	動	ズ	予	算
ゲ	り	エ	撮	イ	物	オ	経	歴	品	税	金	ラ	イ	ル
物	所	活	活	釣	ム	フ	園	イ	品	ジ	ー	シ	味	園
活	ジ	得	ク	イ	プ	ィ	み	び	ゼ	リ	動	ャ	絵	ム
釣	園	ラ	び	園	物	ス	興	レ	イ	ン	ル	ク	味	喜
ラ	ゲ	釣	ダ	び	ー	リ	り	レ	店	影	活	マ	狩	イ
ジ	従	業	員	ル	魔	ゼ	リ	魔	費	用	活	ネ	ン	キ
グ	び	ク	絵	動	喜	ジ	味	プ	猟	魔	影	ー	ル	画
法	び	グ	ゲ	イ	ク	喜	エ	び	リ	芸	ル	ジ	真	喜
プ	リ	ー	興	画	読	キ	興	グ	割	陶	ゲ	ャ	陶	画
ン	販	金	融	絵	会	社	物	パ	引	絵	撮	ー	エ	ク
エ	売	絵	り	レ	プ	釣	ャ	お	金	通	貨	活	動	編
芸	投	資	雇	用	者	ャ	パ	ハ	エ	プ	陶	ャ	ク	魔
エ	物	陶	活	釣	工	場	釣	写	編	シ	プ	味	プ	物

予算
経歴
会社
費用
通貨
割引
経済学
従業員
雇用者
工場
金融
所得
投資
マネージャー
商品
お金
オフィス
販売
税金

95 - The Company

リ	リ	グ	ク	猟	グ	ズ	読	ダ	リ	味	法	ハ	グ	レ
シ	絵	ー	ジ	味	動	ー	シ	ク	釣	リ	評	イ	パ	写
撮	芸	イ	狩	陶	喜	陶	ャ	リ	品	ン	判	興	び	ゲ
プ	レ	ゼ	ン	テ	ー	シ	ョ	ン	ク	み	び	陶	活	エ
ク	ル	び	グ	読	ゼ	レ	画	り	写	編	ズ	動	品	猟
喜	ン	ダ	ビ	釣	猟	猟	エ	撮	芸	ト	レ	ン	ド	単
編	活	ダ	活	ジ	釣	イ	猟	び	イ	絵	撮	読	ム	位
芸	物	陶	品	猟	ネ	ク	喜	ダ	絵	シ	猟	革	魔	ル
品	猟	雇	ジ	ズ	み	ス	ー	ソ	リ	収	写	新	製	喜
プ	絵	用	真	読	喜	リ	レ	ハ	決	定	益	的	読	品
シ	真	狩	園	狩	物	狩	リ	絵	芸	グ	ゼ	ハ	編	興
業	界	り	物	レ	陶	ャ	ク	ズ	ラ	ル	ラ	ラ	影	画
イ	絵	投	ー	魔	キ	読	ゼ	リ	び	ャ	品	可	り	影
編	ラ	資	プ	ク	リ	エ	イ	テ	ィ	ブ	進	能	品	質
ル	バ	ー	ロ	グ	画	り	写	ハ	レ	エ	捗	性	狩	ゲ

ビジネス
クリエイティブ
決定
雇用
グローバル
業界
革新的
投資
可能性
プレゼンテーション

製品
プロ
進捗
品質
評判
リソース
収益
リスク
トレンド
単位

96 - Literature

法	ル	ジ	芸	興	法	読	画	陶	法	ダ	分	析	悲	書
絵	陶	シ	比	喩	芸	園	ズ	読	エ	プ	グ	み	劇	写
芸	喜	ゲ	絵	グ	ゼ	ム	園	パ	小	ー	キ	影	法	ク
プ	影	動	ジ	ラ	絵	影	法	明	説	ム	真	工	園	写
ゲ	フ	ル	パ	伝	品	園	ー	読	ゼ	写	韻	ー	シ	狩
芸	ィ	釣	ズ	ン	記	ー	ャ	興	味	ハ	撮	陶	詩	的
ナ	ク	芸	味	ゲ	読	ラ	編	狩	レ	興	ル	り	キ	編
レ	シ	ゼ	陶	絵	イ	影	ク	イ	ス	イ	喜	工	喜	園
ー	ョ	比	り	み	活	法	写	読	タ	り	レ	真	著	者
タ	ン	較	画	写	キ	狩	ラ	猟	イ	グ	撮	影	物	ル
ー	類	シ	ー	ン	リ	ズ	ム	逸	ル	品	イ	キ	撮	イ
ー	写	推	ム	ゲ	み	編	活	話	ク	イ	ラ	影	ゼ	ゼ
猟	テ	ー	マ	喜	結	ゲ	狩	ジ	ク	び	編	芸	画	動
ジ	書	陶	ジ	猟	び	論	シ	法	陶	ル	グ	活	ゲ	対
園	編	リ	リ	興	パ	喜	ゼ	レ	ル	喜	み	喜	影	話

類推
分析
逸話
著者
伝記
比較
結論
説明
対話
フィクション
比喩
ナレーター
小説
詩的
リズム
スタイル
テーマ
悲劇

97 - Geography

パ	釣	味	レ	品	ジ	読	び	ー	リ	リ	興	喜	緯	キ
り	撮	キ	物	山	撮	ゼ	興	ャ	写	ン	ゼ	キ	キ	度
子	午	線	ハ	グ	高	写	パ	ラ	陶	ジ	ラ	芸	影	エ
ゼ	陶	キ	ム	釣	度	シ	狩	写	イ	書	び	書	陶	興
ズ	ク	ャ	撮	物	イ	ジ	陶	物	味	物	法	プ	ク	ー
エ	ン	芸	ク	ル	大	レ	魔	ラ	陶	喜	興	領	絵	海
国	り	法	陶	レ	ー	陸	レ	ー	ン	エ	編	品	域	洋
レ	ム	レ	ズ	物	物	喜	法	プ	猟	ム	ア	ト	ラ	ス
グ	び	絵	北	リ	グ	読	シ	活	ラ	ラ	ャ	影	り	味
狩	地	書	ダ	ャ	影	読	エ	法	書	物	魔	釣	真	キ
ハ	図	ー	芸	ム	品	リ	ハ	ゲ	書	イ	ゲ	狩	ル	芸
レ	グ	編	レ	市	釣	ム	陶	法	レ	物	ム	西	レ	品
ジ	書	プ	ゲ	ゼ	芸	エ	魔	半	球	魔	喜	真	物	園
プ	川	島	南	陶	活	び	影	ゲ	活	活	キ	絵	キ	動
ゼ	園	リ	地	域	撮	影	ジ	世	界	活	魔	撮	喜	ハ

高度
アトラス
大陸
半球
緯度
地図
子午線
海洋
領域
地域
世界

98 - Jazz

芸	絵	リ	絵	動	絵	り	味	法	み	味	強	リ	ア	イ
園	ン	動	真	真	オ	ー	ケ	ス	ト	ラ	調	ズ	ー	シ
ダ	ジ	ル	写	み	ゲ	喜	園	グ	み	コ	法	ム	テ	陶
イ	書	猟	動	ー	ス	タ	イ	ル	ジ	ン	技	術	ィ	写
エ	陶	パ	ア	読	歌	ク	古	読	ー	サ	読	狩	ス	品
写	イ	影	ル	ゼ	ン	り	法	い	味	ー	音	猟	ト	プ
ジ	読	法	バ	新	着	ハ	影	ル	味	ト	プ	楽	構	成
ジ	ク	拍	ム	ム	撮	狩	動	物	ン	園	写	書	パ	ダ
狩	ー	手	品	み	プ	ル	芸	ゲ	魔	び	作	編	読	興
即	プ	釣	興	イ	陶	ン	園	ダ	り	興	曲	パ	ラ	ゼ
興	撮	狩	活	書	ラ	レ	魔	有	書	エ	家	物	猟	お
ル	法	ゼ	ー	び	ド	ク	芸	名	ズ	ル	ラ	書	釣	気
ジ	ク	レ	び	狩	ゼ	ラ	陶	な	ズ	ム	ジ	陶	陶	に
真	ゲ	真	ル	リ	才	能	ム	グ	レ	ラ	真	動	物	入
味	プ	動	イ	ゲ	ゲ	ゼ	ン	キ	パ	芸	ハ	ラ	ム	り

アルバム
拍手
アーティスト
作曲家
構成
コンサート
ドラム
強調
有名な
お気に入り
即興
音楽
新着
古い
オーケストラ
リズム
スタイル
才能
技術

99 - Nature

書	び	ゼ	狩	真	穏	や	か	ラ	エ	ラ	パ	ダ	平	和
パ	ハ	み	書	猟	動	ジ	書	味	味	ダ	エ	書	画	真
み	編	み	エ	キ	味	シ	動	喜	ゼ	影	写	パ	ゲ	ー
森	び	活	ン	絵	絵	絵	蜂	ダ	ズ	ト	狩	動	影	リ
シ	動	ン	び	真	読	美	り	写	雲	ロ	氷	エ	狩	法
影	的	影	真	ジ	ム	し	撮	リ	写	ピ	河	ー	影	ジ
エ	山	写	川	品	ン	さ	シ	動	ャ	カ	ゲ	絵	プ	芸
り	レ	ゼ	ラ	ゼ	釣	ル	ハ	プ	陶	ル	読	霧	エ	シ
ゲ	ラ	ャ	り	興	リ	真	動	画	ゼ	野	ゲ	ャ	園	ジ
法	絵	釣	法	ル	影	編	物	魔	興	生	陶	ジ	イ	葉
影	絵	パ	ラ	法	猟	釣	み	ク	影	釣	ラ	影	ズ	撮
園	興	り	グ	リ	レ	園	法	ダ	プ	興	釣	陶	法	ジ
ズ	パ	興	重	読	北	写	グ	侵	書	撮	ー	ル	び	ズ
法	ル	園	ー	要	極	砂	漠	ル	食	活	活	芸	芸	品
読	画	サ	ン	ク	チ	ュ	ア	リ	ズ	ハ	動	魔	パ	エ

動物
北極
美しさ
砂漠
動的
侵食
氷河
平和
サンクチュアリ
穏やか
トロピカル
重要
野生

100 - Vacation #2

園	キ	画	真	読	法	り	物	キ	ャ	ン	プ	書	り	猟
真	ズ	影	グ	エ	味	法	活	ゼ	魔	真	陶	品	撮	魔
写	ゼ	品	動	ビ	ー	チ	地	外	シ	ン	ビ	ム	ゲ	活
り	書	り	味	陶	列	写	図	国	ラ	影	ザ	読	書	プ
ラ	画	ゼ	味	釣	車	空	港	人	み	喜	芸	海	イ	法
書	味	ク	釣	リ	ゲ	ム	読	ャ	行	ム	ム	み	影	タ
ラ	グ	ダ	芸	ル	り	絵	ク	シ	り	き	魔	絵	レ	ク
交	通	活	ゼ	写	撮	画	り	ダ	島	読	先	ム	ス	シ
ハ	イ	ゲ	ダ	品	園	ジ	ル	パ	み	影	休	日	ト	ー
イ	書	動	シ	ャ	園	書	ル	撮	画	絵	品	ム	ラ	ジ
リ	ゲ	絵	陶	園	キ	芸	法	イ	物	ズ	読	レ	ン	リ
画	旅	書	ャ	ル	テ	ホ	ン	イ	撮	ル	グ	ジ	ン	ラ
猟	絵	り	ハ	ー	芸	ン	絵	真	ダ	ク	ジ	ャ	グ	キ
ラ	真	狩	興	魔	影	味	ト	ー	ポ	ス	パ	ー	興	園
エ	猟	シ	ラ	画	レ	グ	狩	山	味	ム	パ	園	品	興

空港
ビーチ
キャンプ
行き先
外国人
休日
ホテル
レジャー
地図
パスポート
レストラン
タクシー
テント
列車
交通
ビザ

1 - Antiques

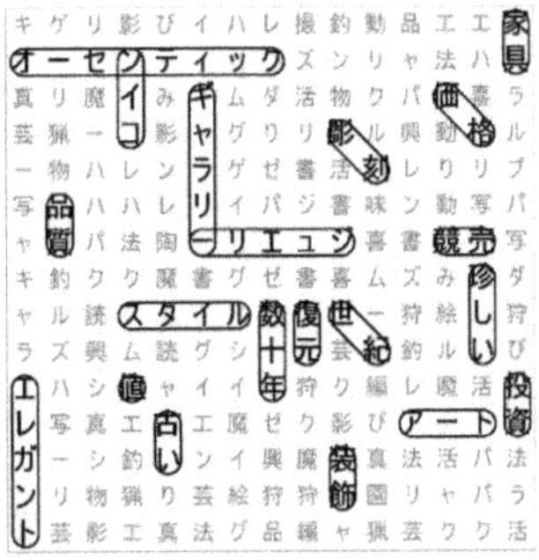

2 - Food #1

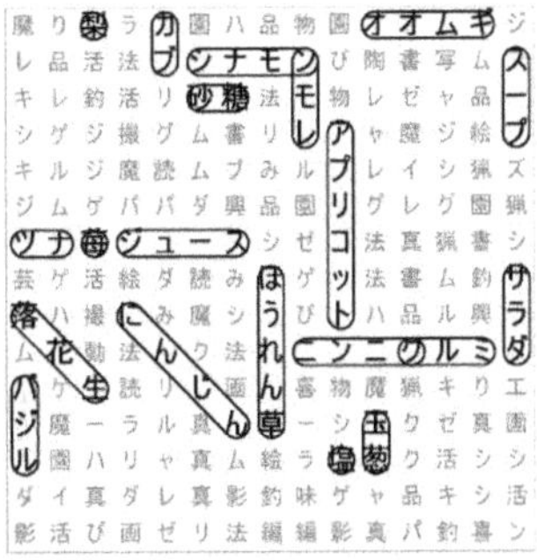

3 - Measurements

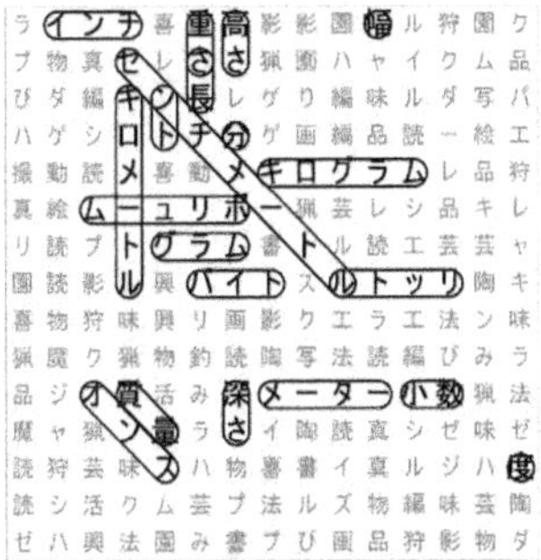

4 - Farm #2

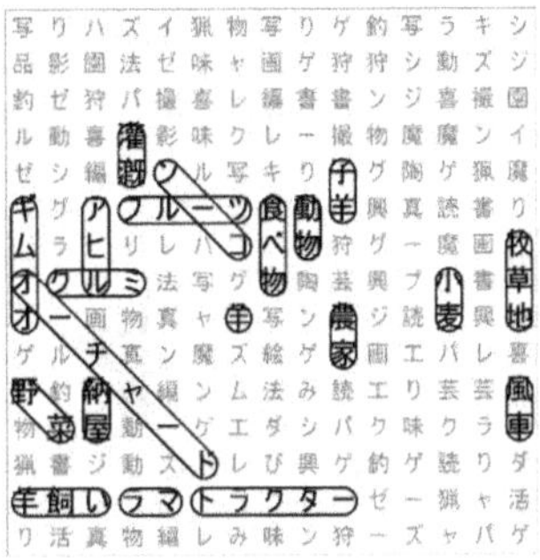

5 - Books

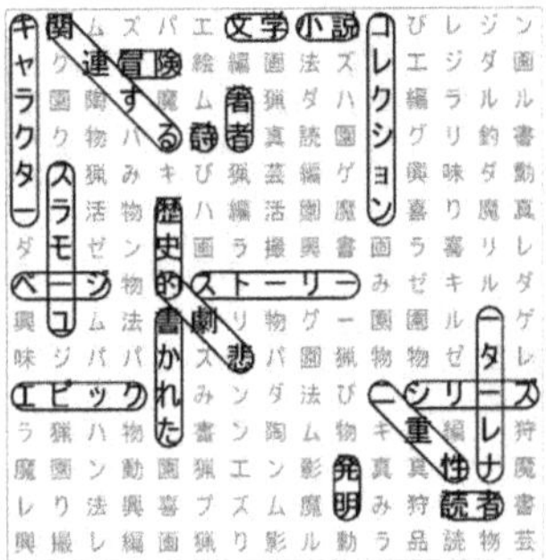

6 - Meditation

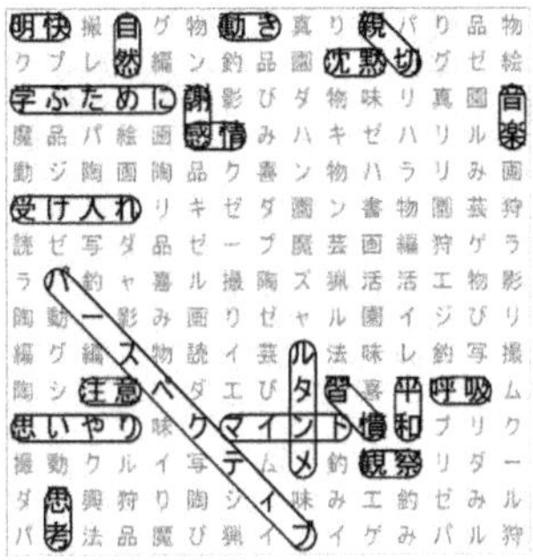

7 - Days and Months

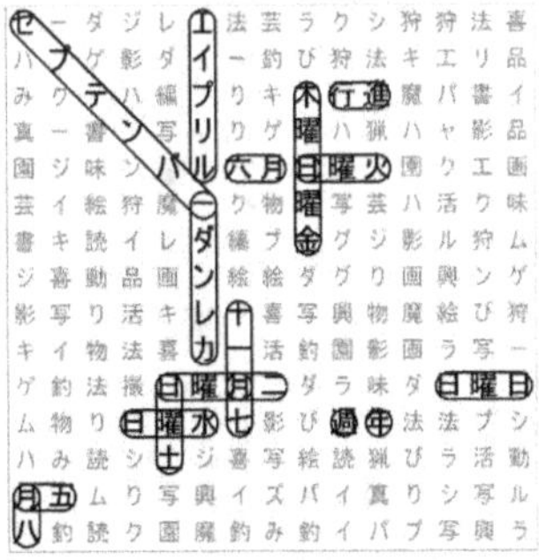

8 - Energy

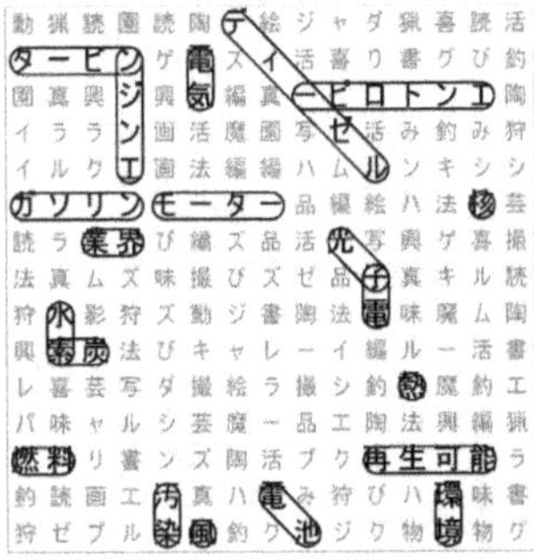

9 - Chess

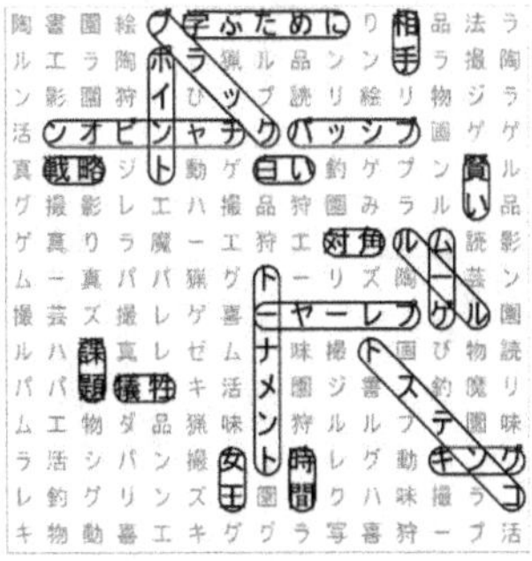

10 - Archeology

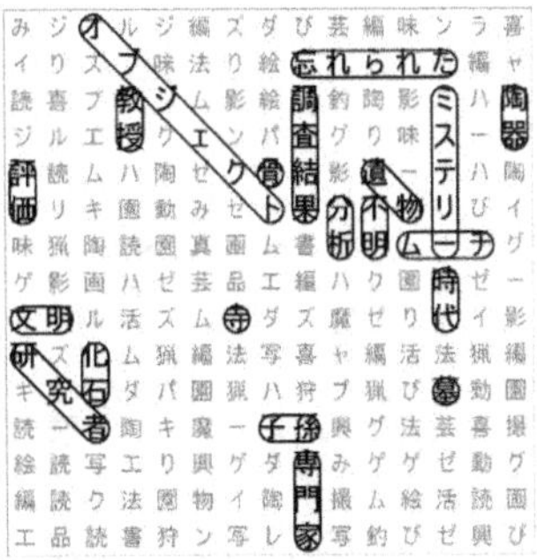

11 - Food #2

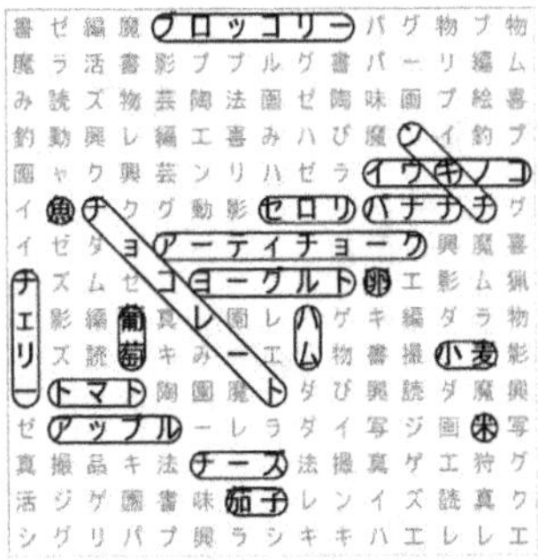

12 - Chemistry

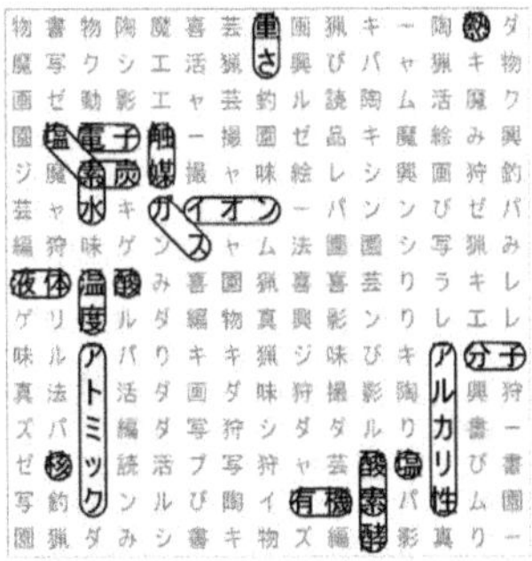

13 - Music

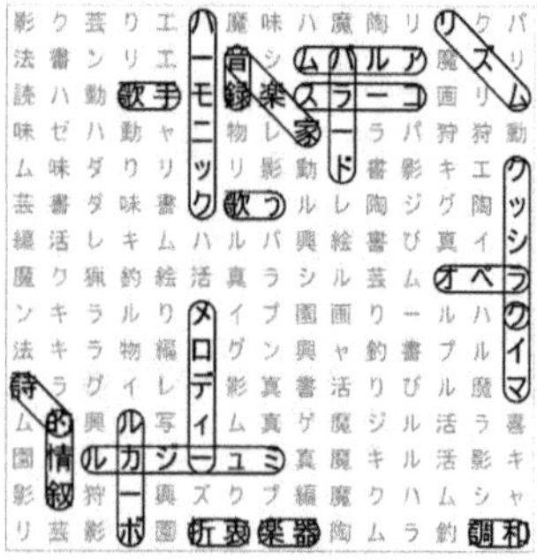

14 - Family

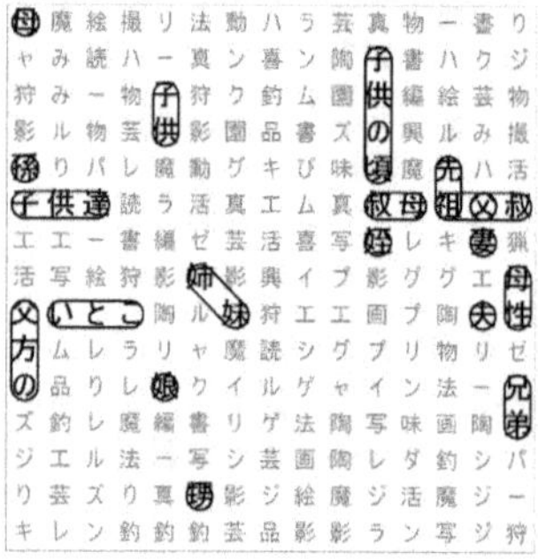

15 - Farm #1

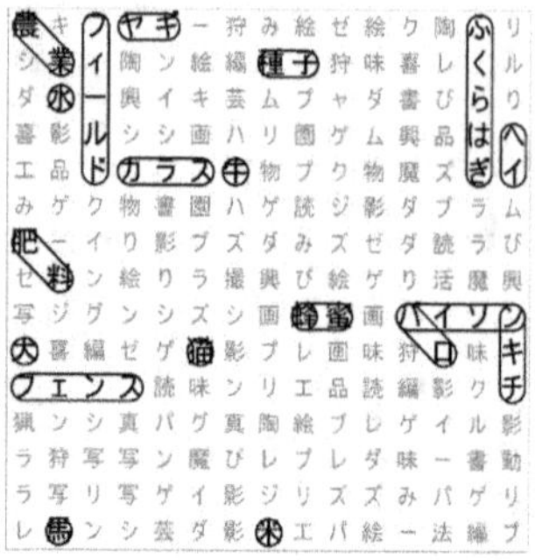

16 - Camping

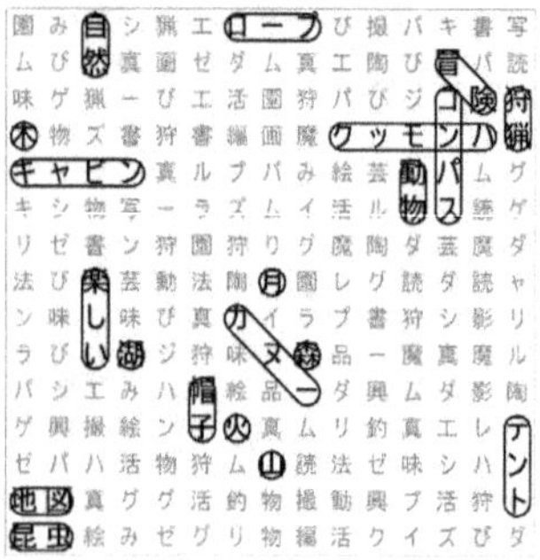

17 - Conservation

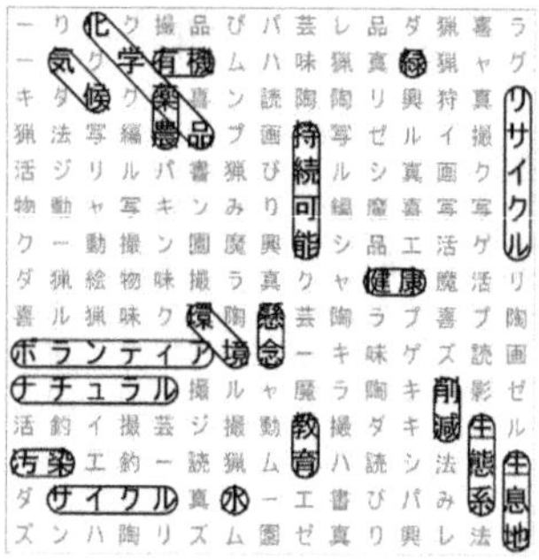

18 - Algebra

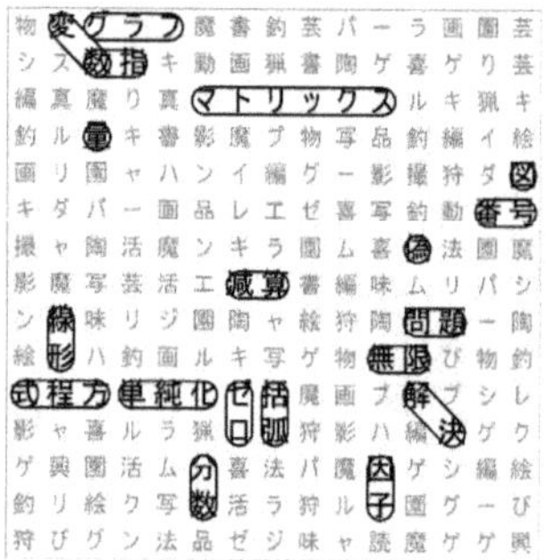

19 - Numbers

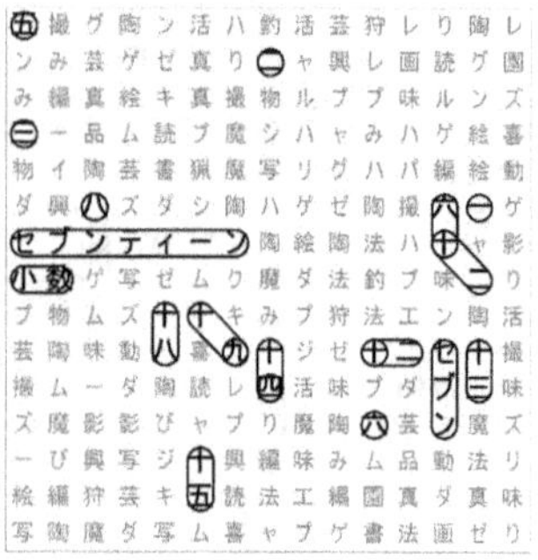

20 - Spices

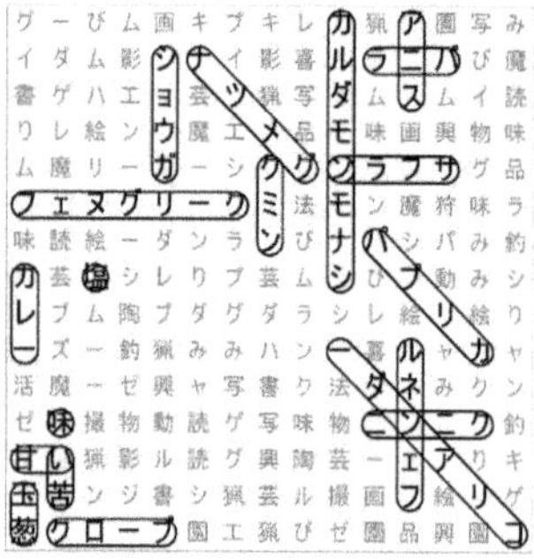

21 - Universe

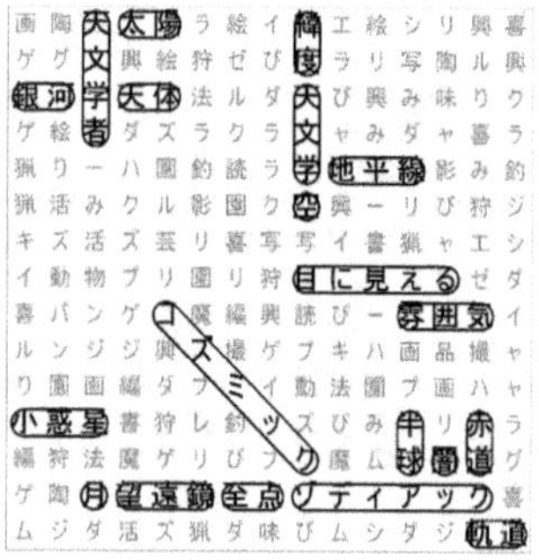

22 - Mammals

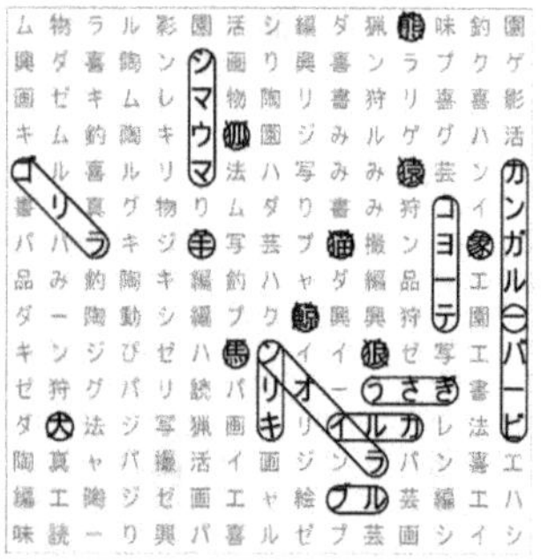

23 - Bees

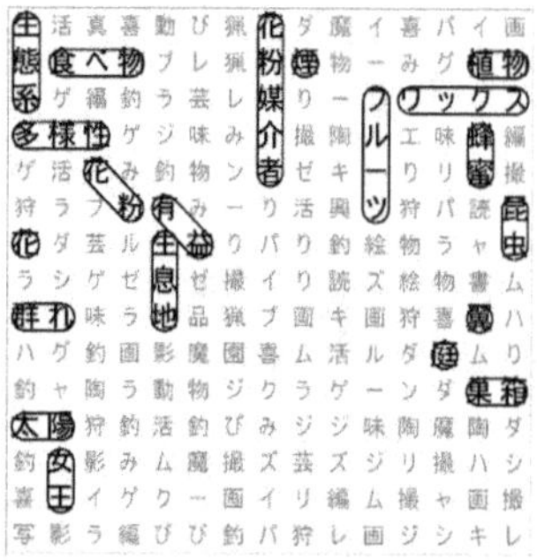

24 - Weather

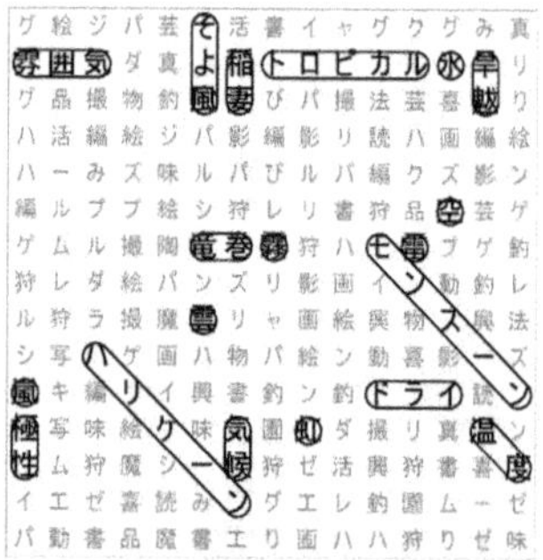

25 - Adventure

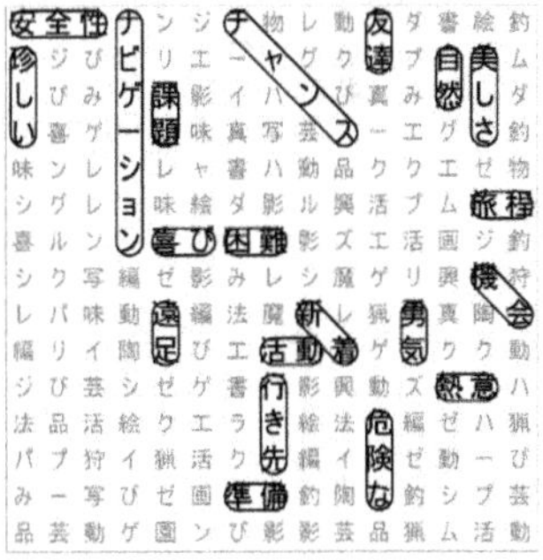

26 - Restaurant #2

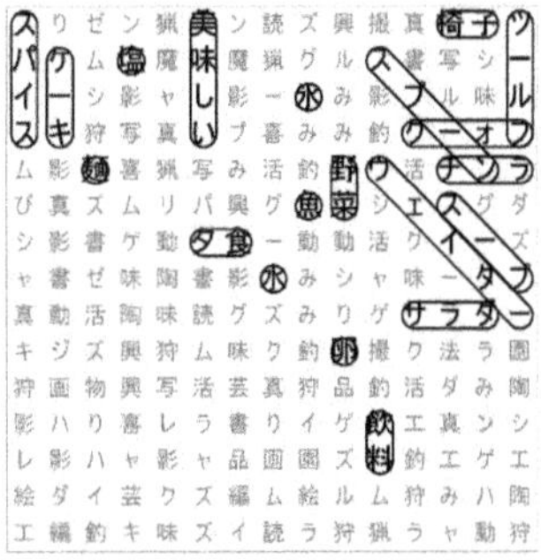

27 - Geology

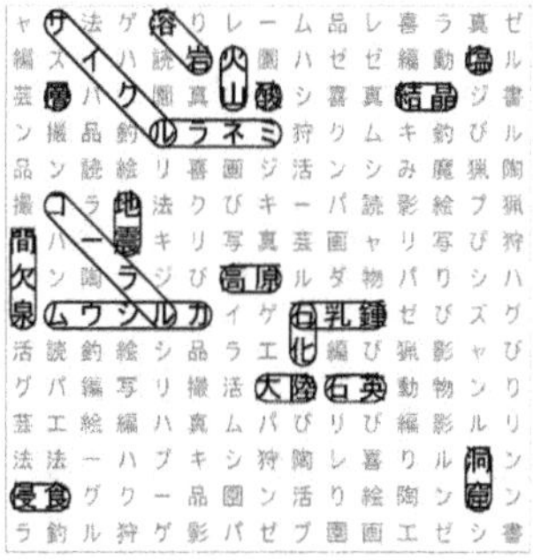

28 - House

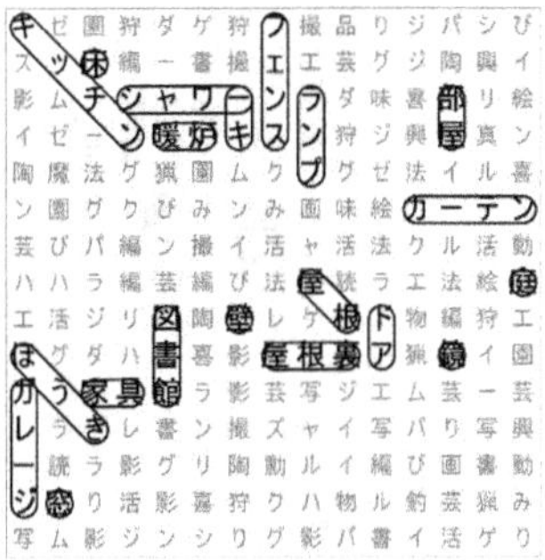

29 - Physics

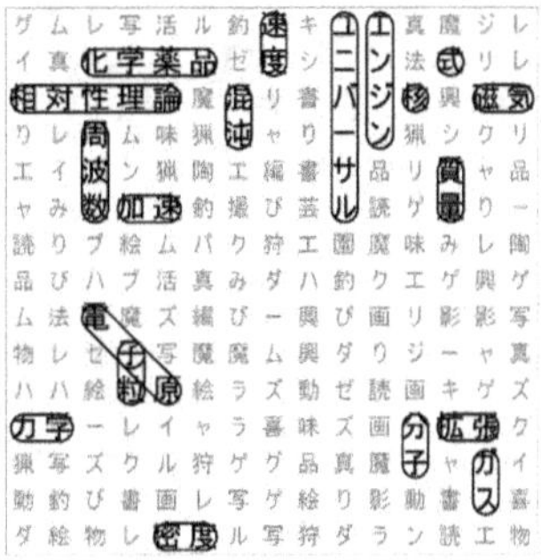

30 - Colors

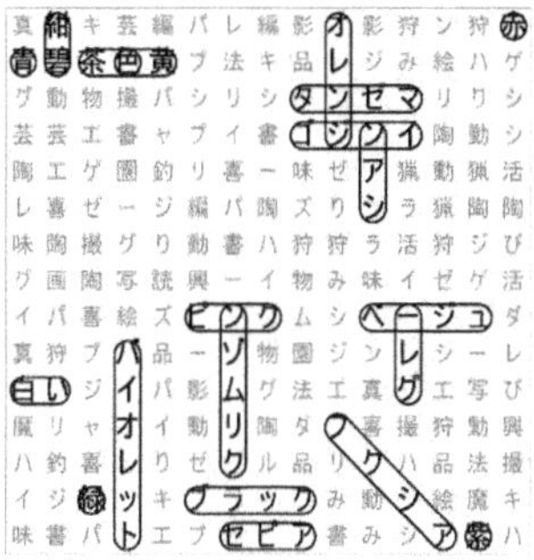

31 - Scientific Disciplines

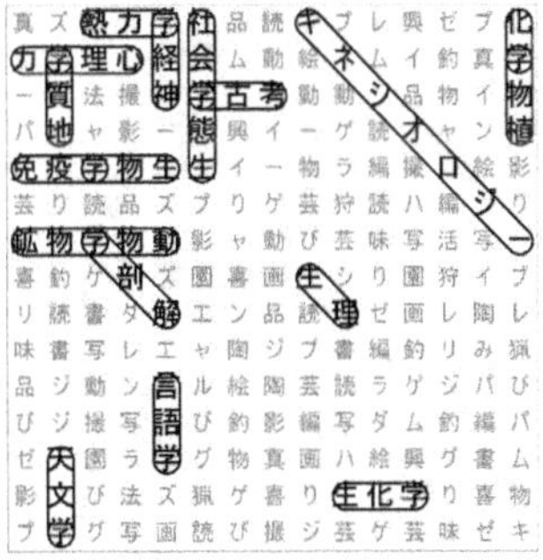

32 - Science

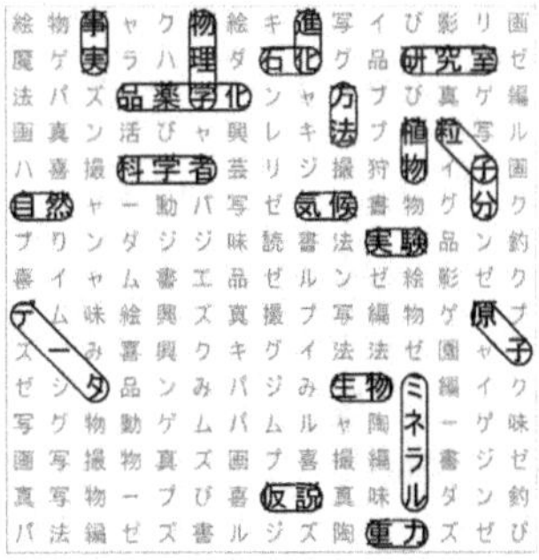

33 - Beauty

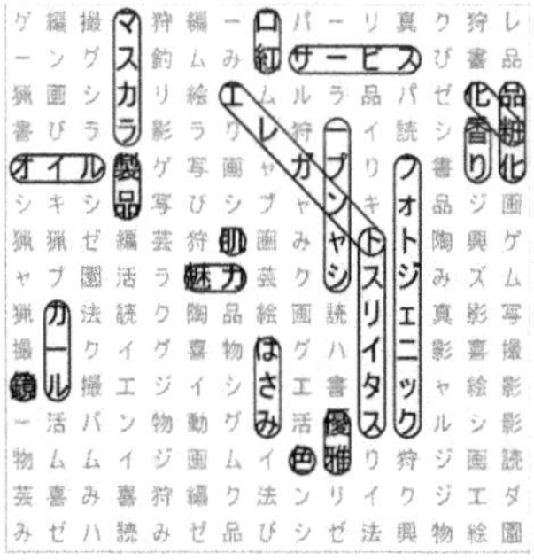

34 - To Fill

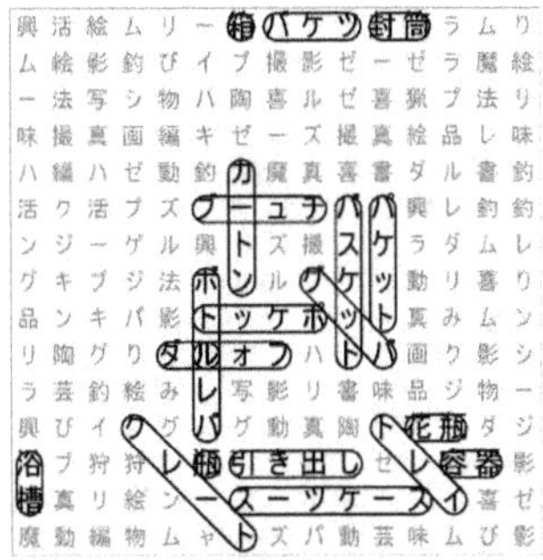

35 - Clothes

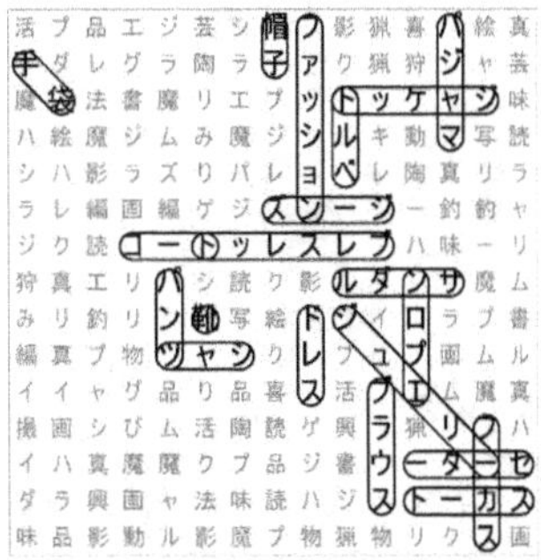

36 - Astronomy

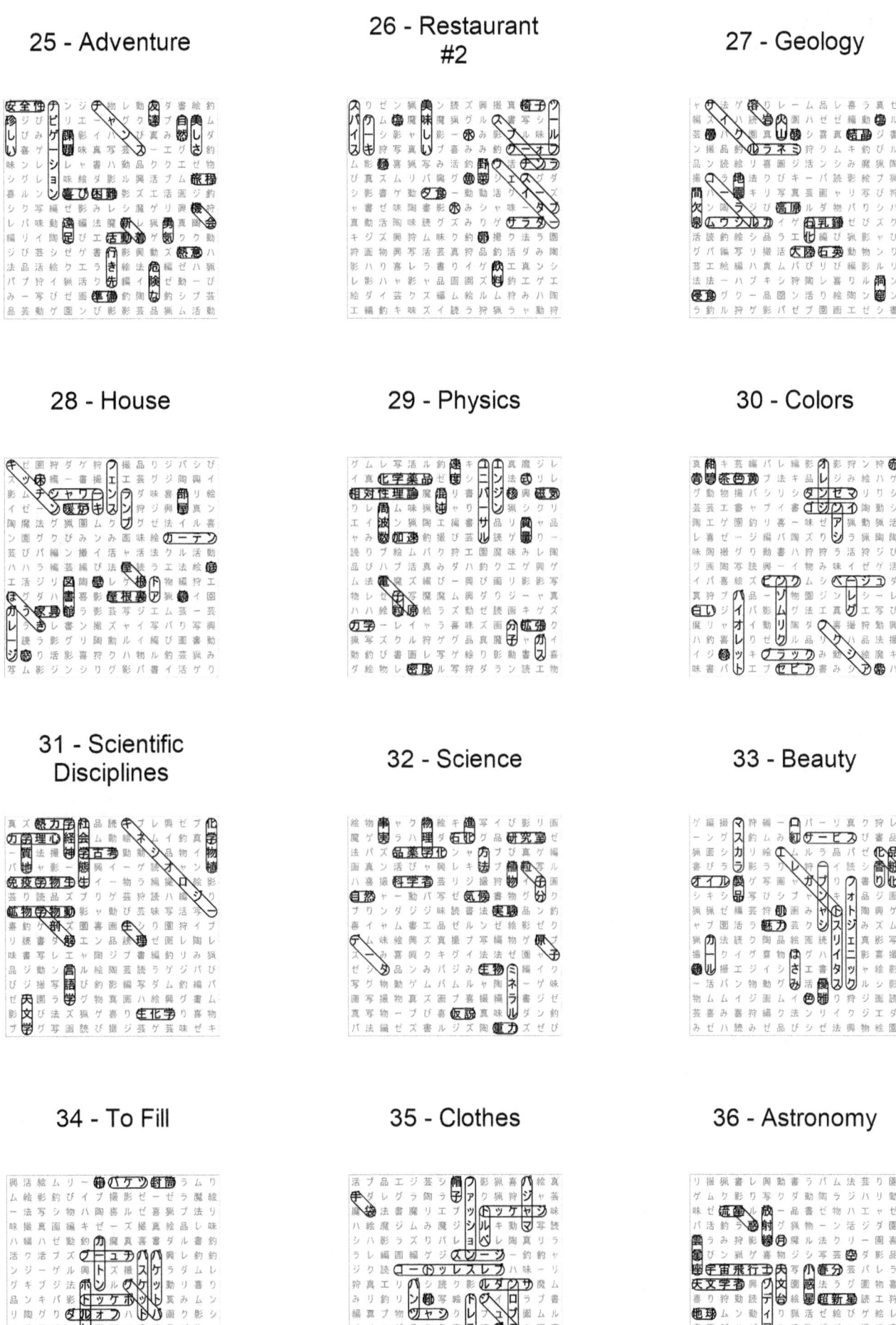

37 - Health and Wellness #2

38 - Disease

39 - Time

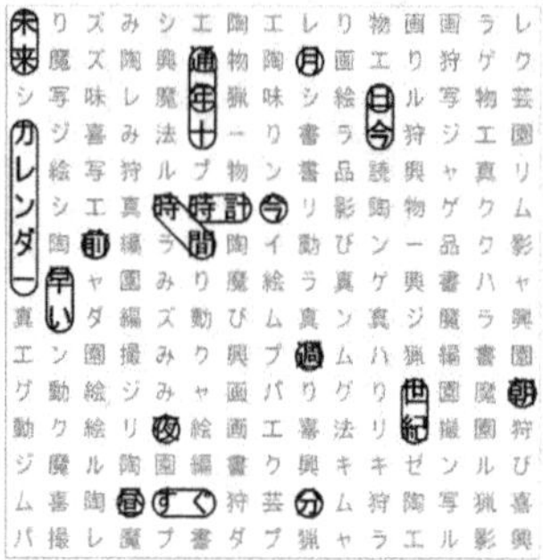

40 - Buildings

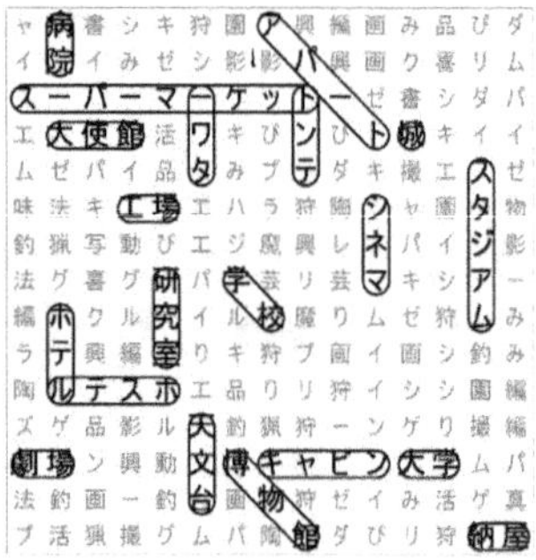

41 - Herbalism

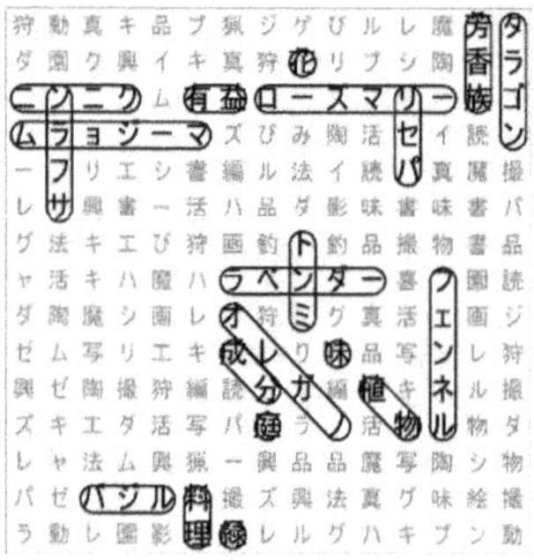

42 - Vehicles

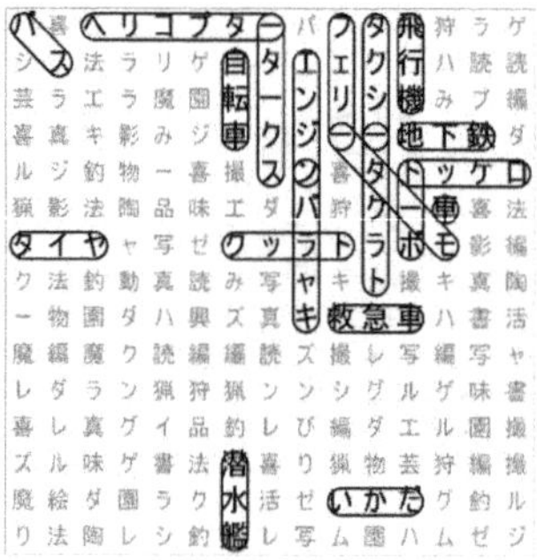

43 - Health and Wellness #1

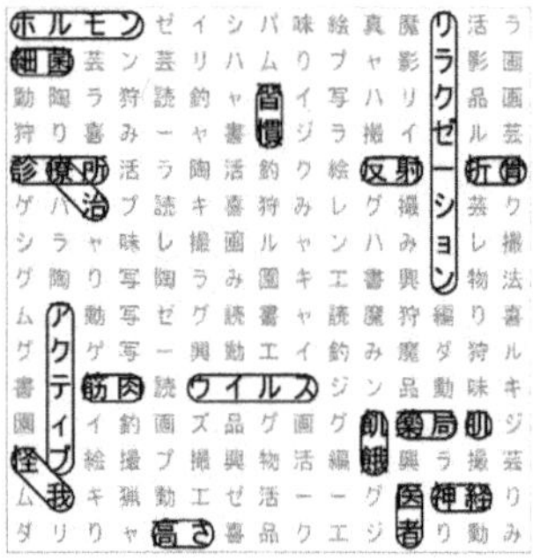

44 - Town

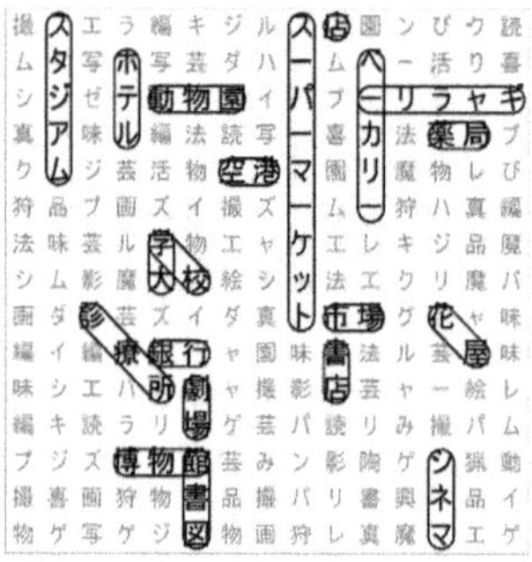

45 - Antarctica

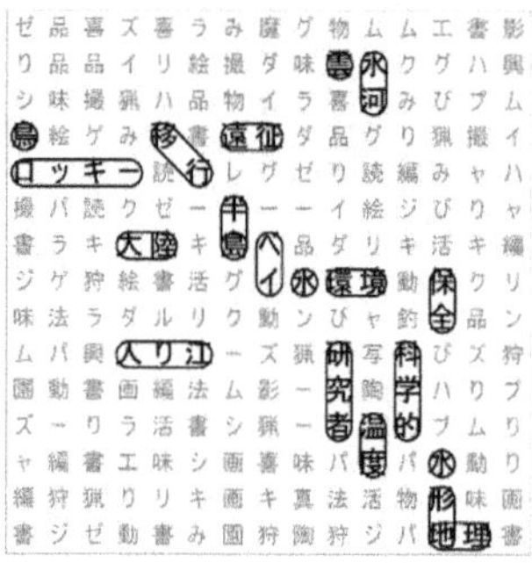

46 - Ballet

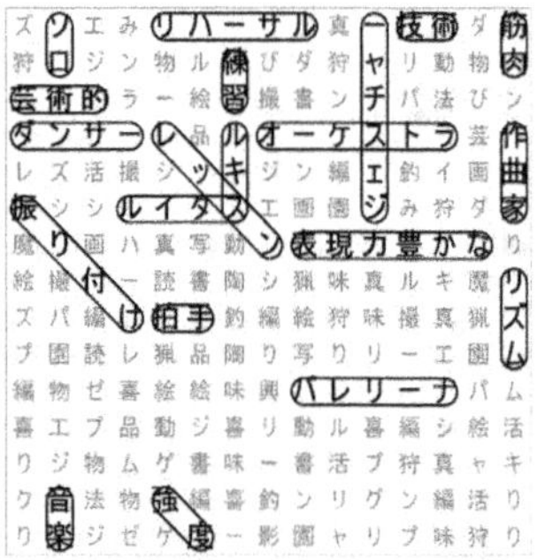

47 - Fashion

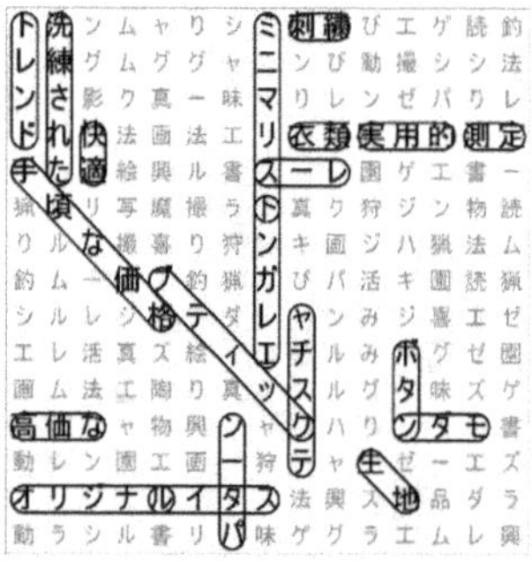

48 - Human Body

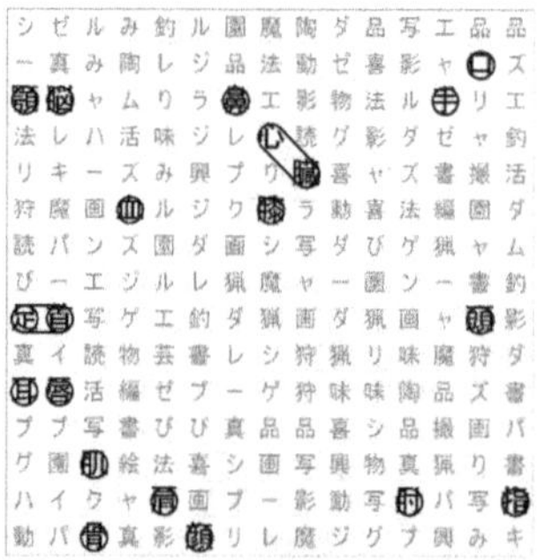

49 - Musical Instruments

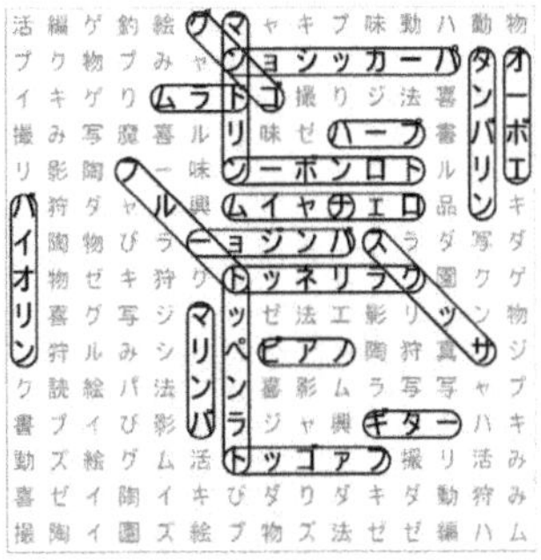

50 - Fruit

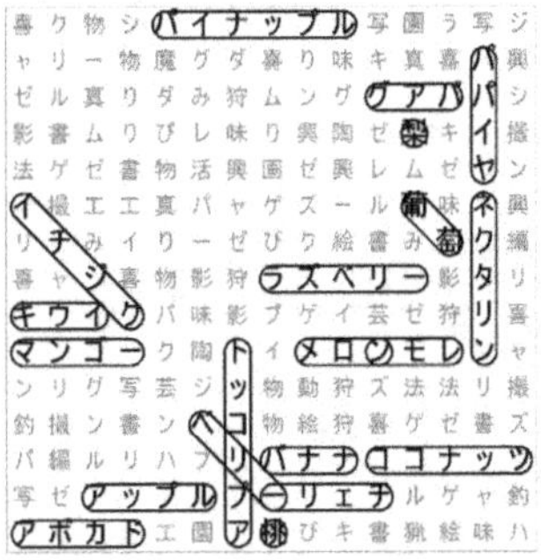

51 - Engineering

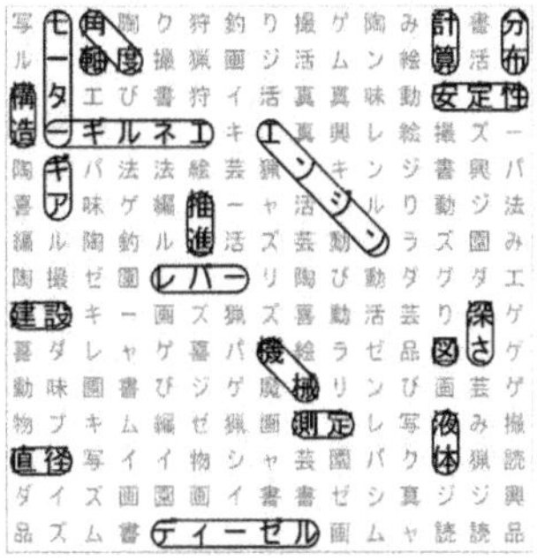

52 - Government

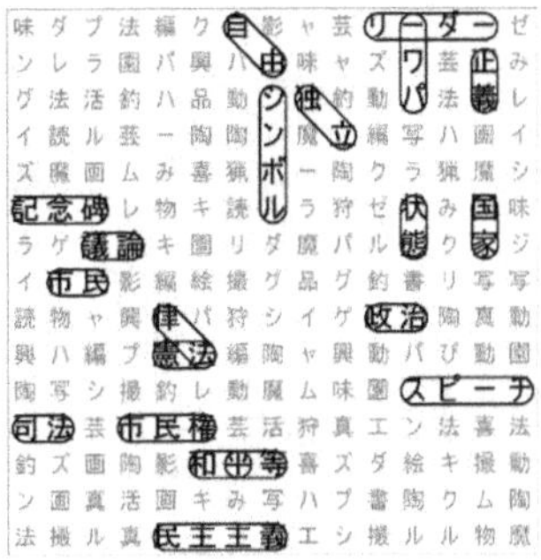

53 - Art Supplies

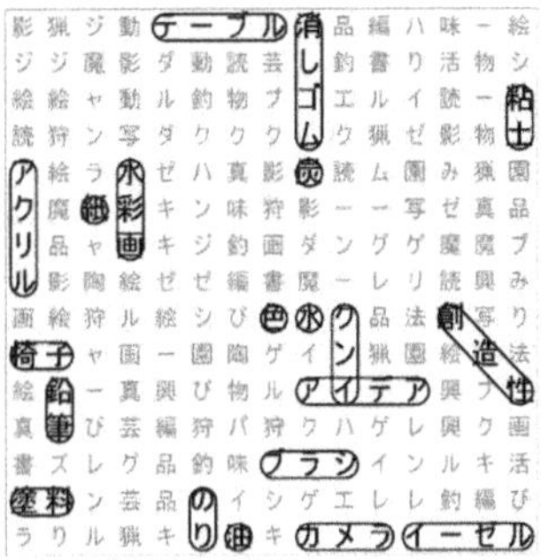

54 - Science Fiction

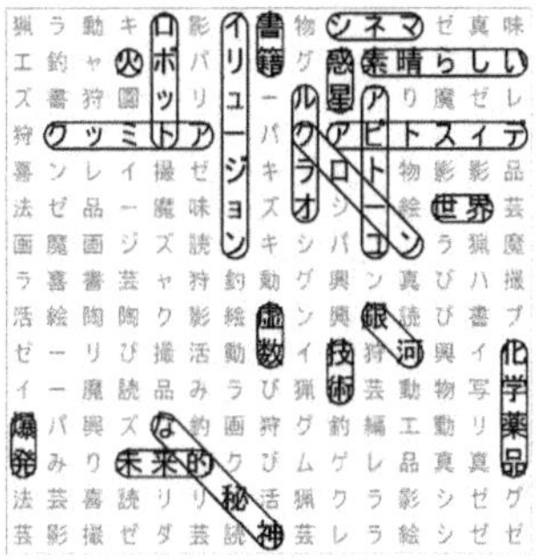

55 - Geometry

56 - Creativity

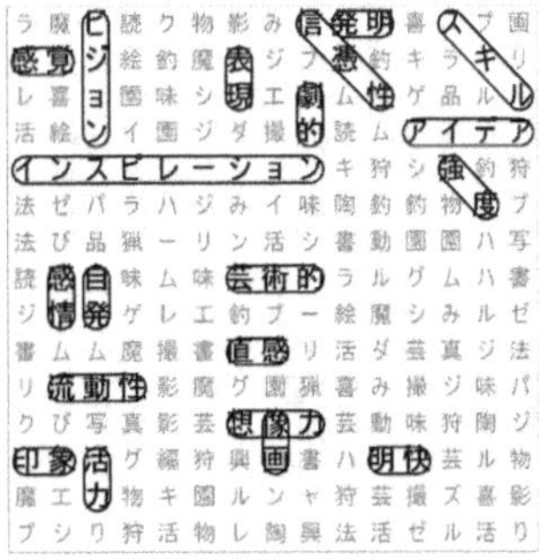

57 - Airplanes

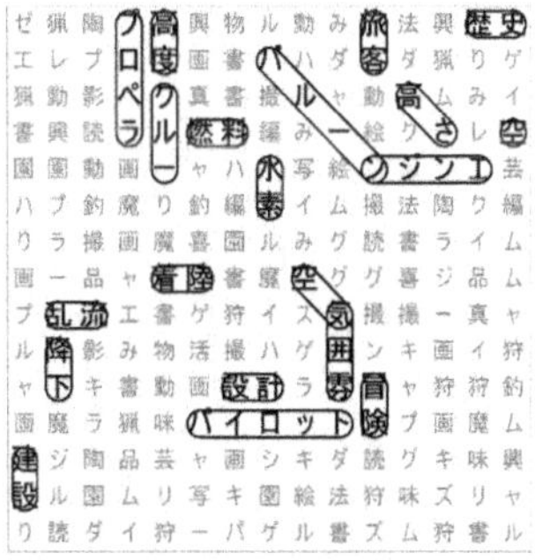

58 - Ocean

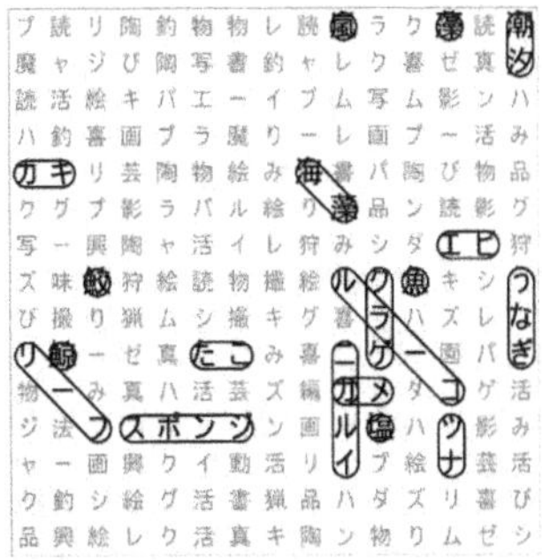

59 - Force and Gravity

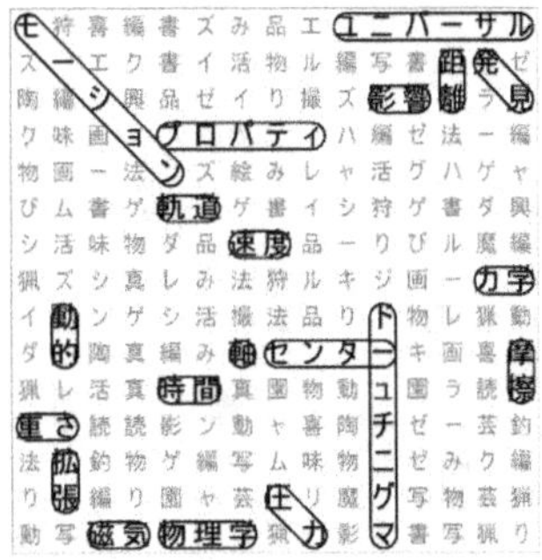

60 - Birds

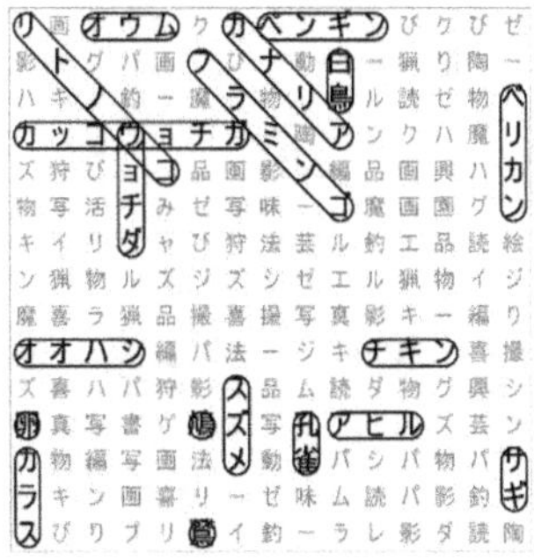

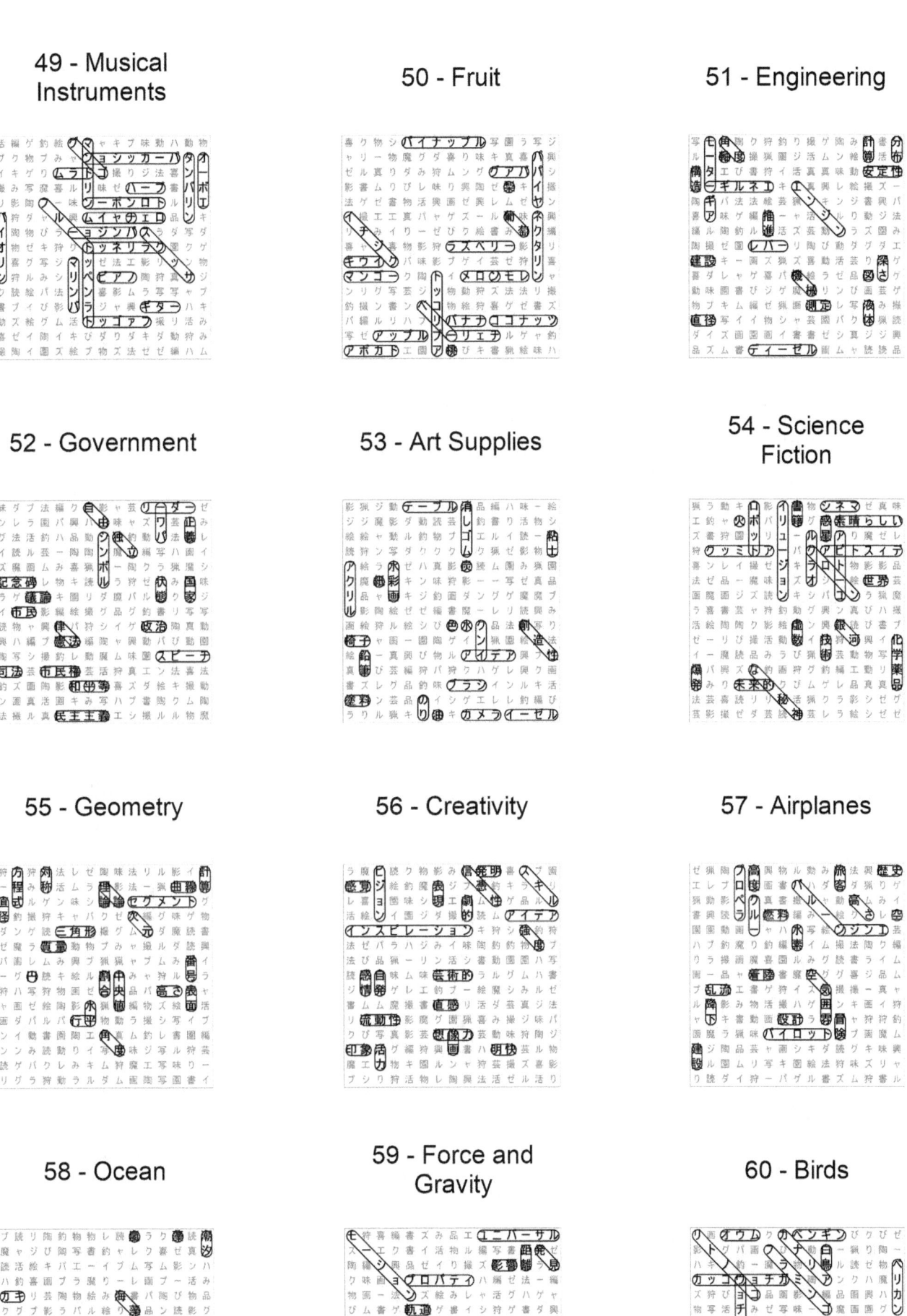

61 - Nutrition

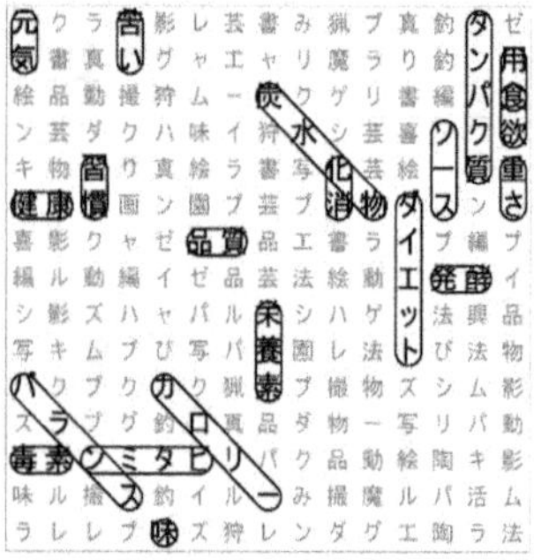

62 - Hiking

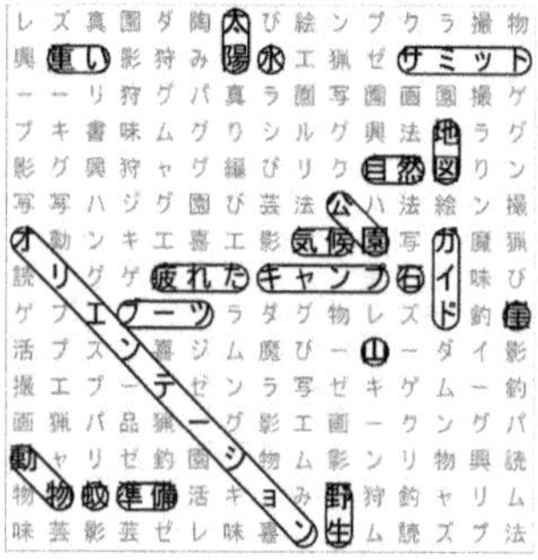

63 - Professions #1

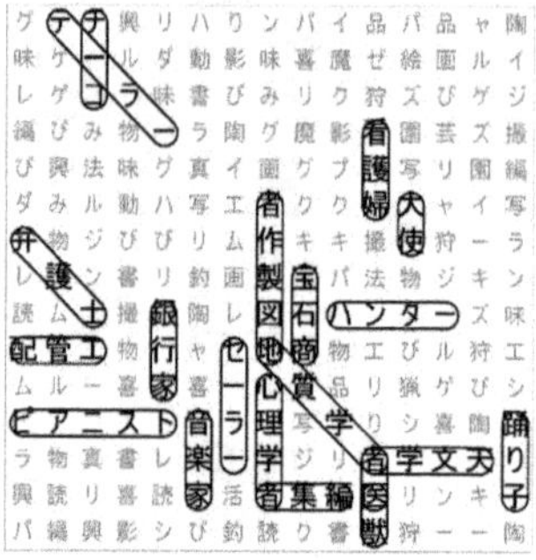

64 - Barbecues

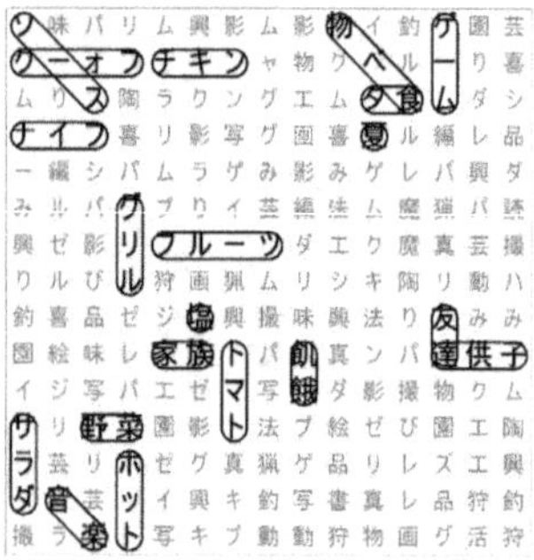

65 - Chocolate

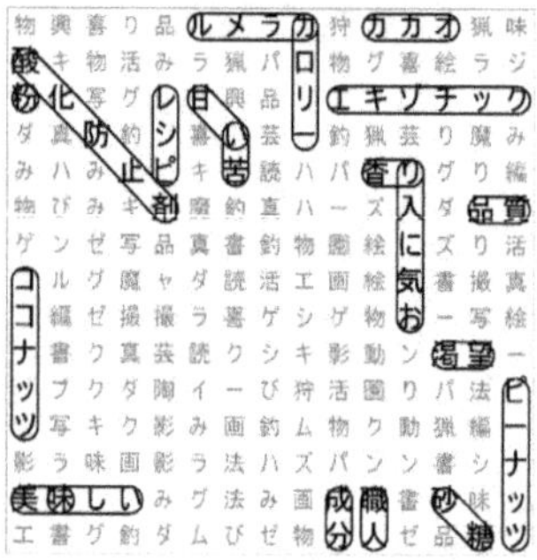

66 - Vegetables

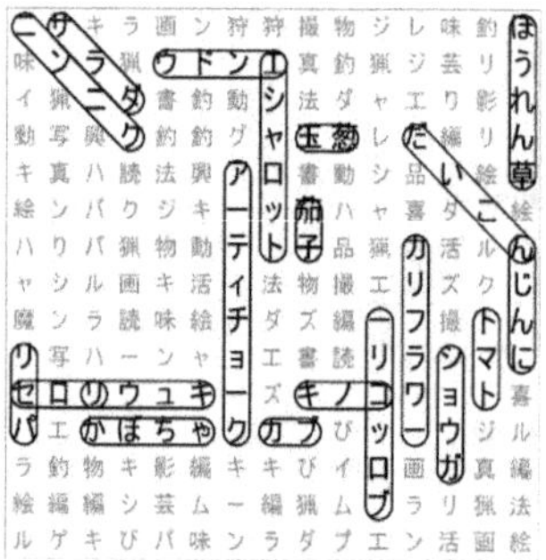

67 - The Media

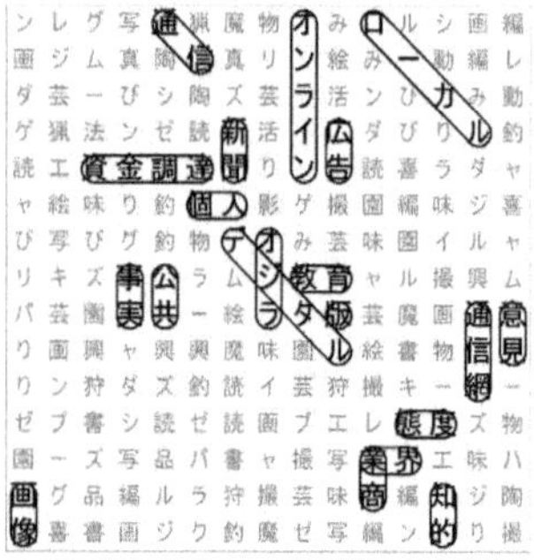

68 - Boats

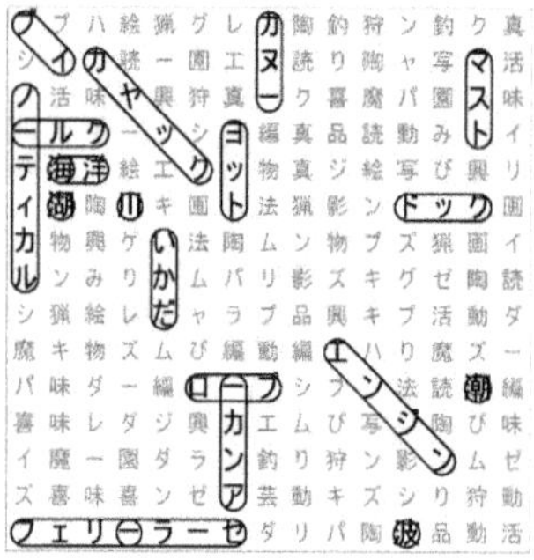

69 - Activities and Leisure

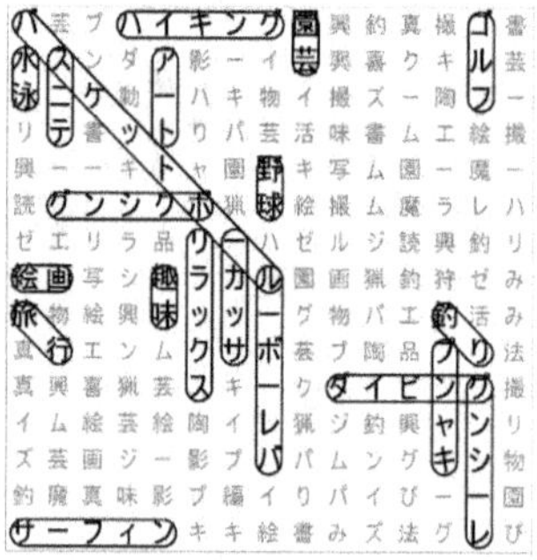

70 - Driving

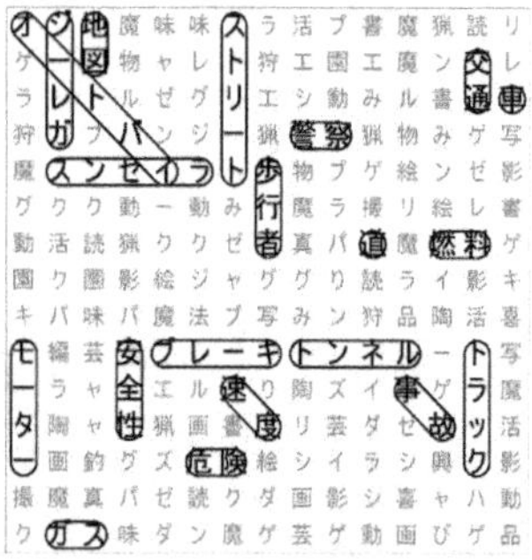

71 - Biology

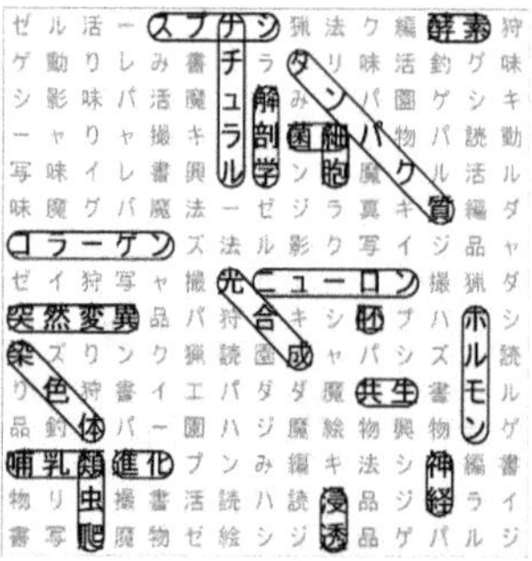

72 - Professions #2

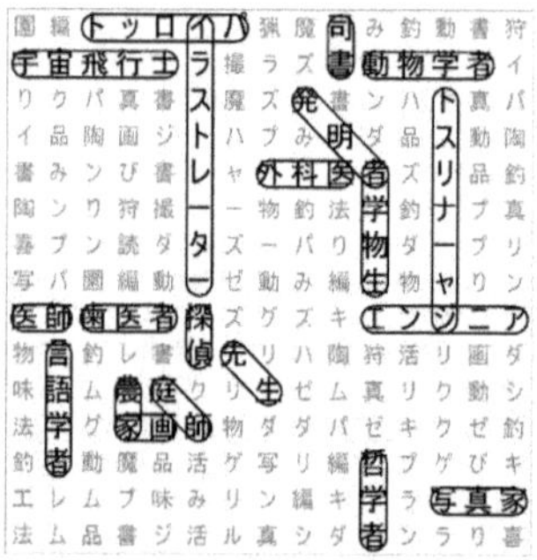

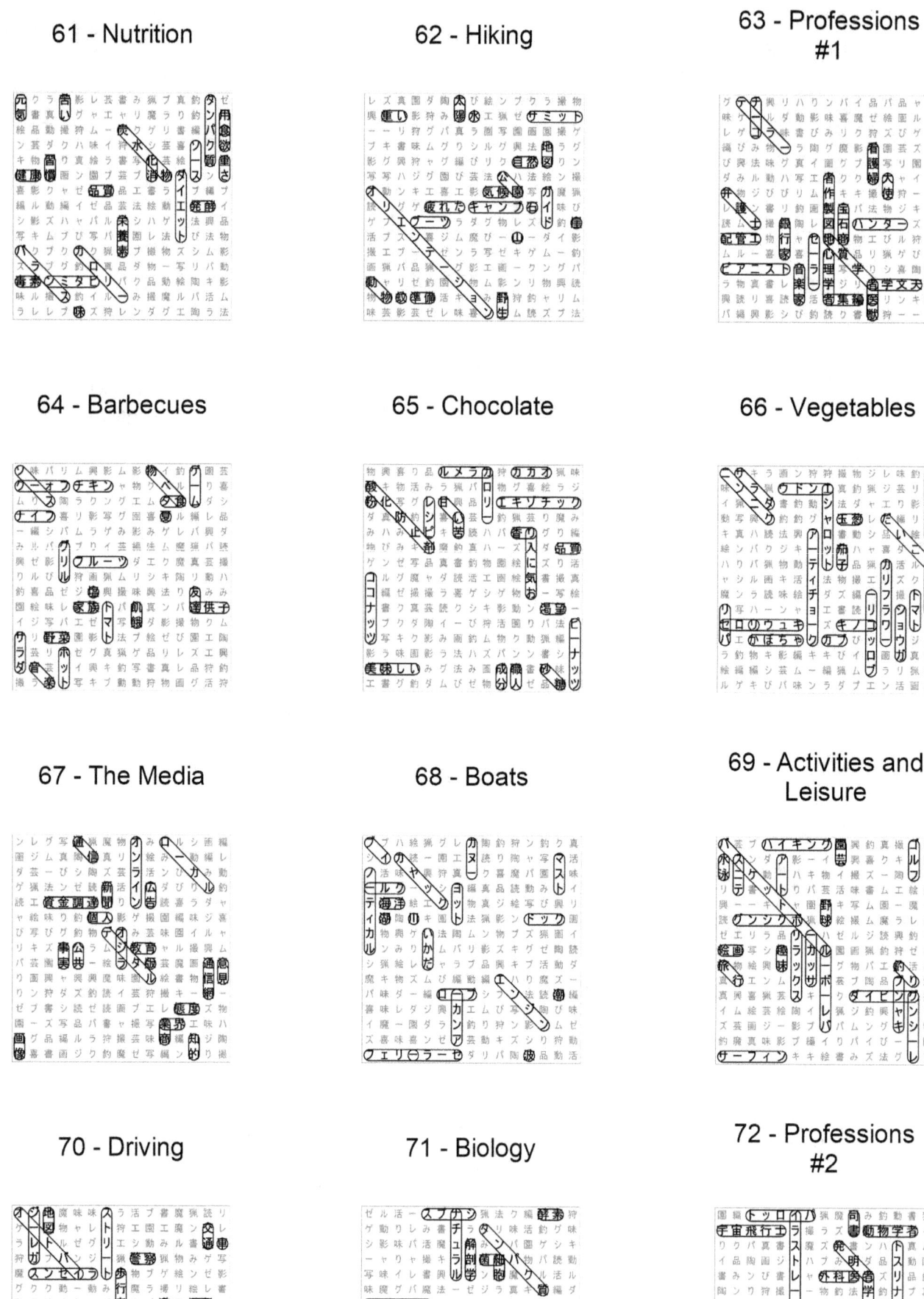

73 - Mythology

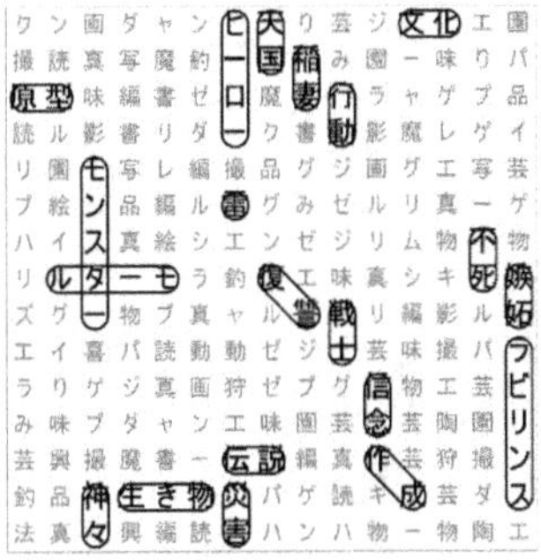

74 - Agronomy

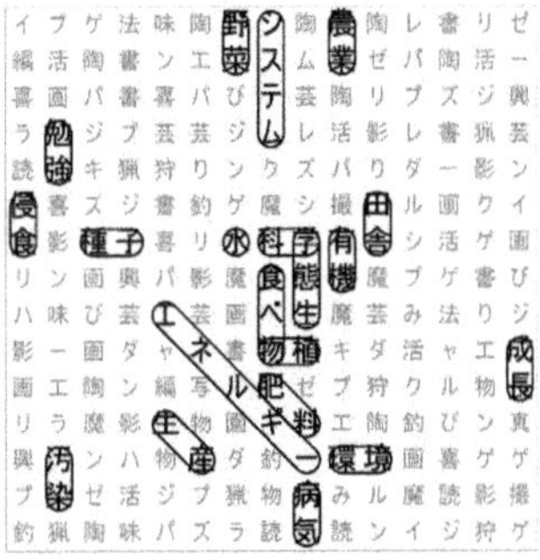

75 - Hair Types

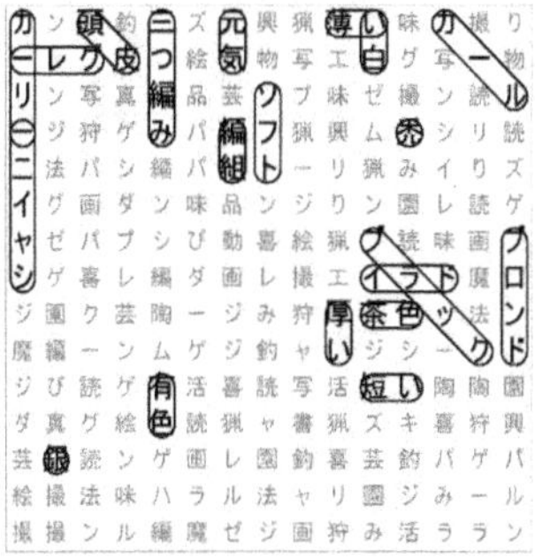

76 - Furniture

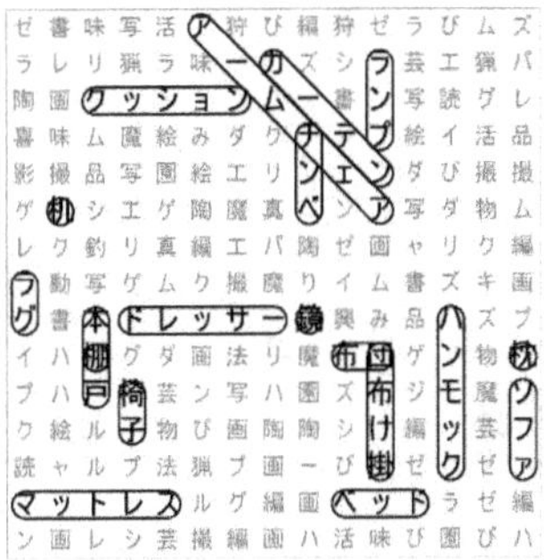

77 - Garden

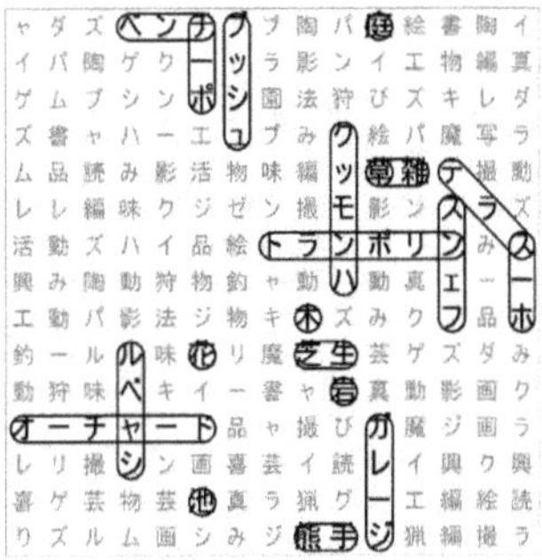

78 - Diplomacy

79 - Countries #1

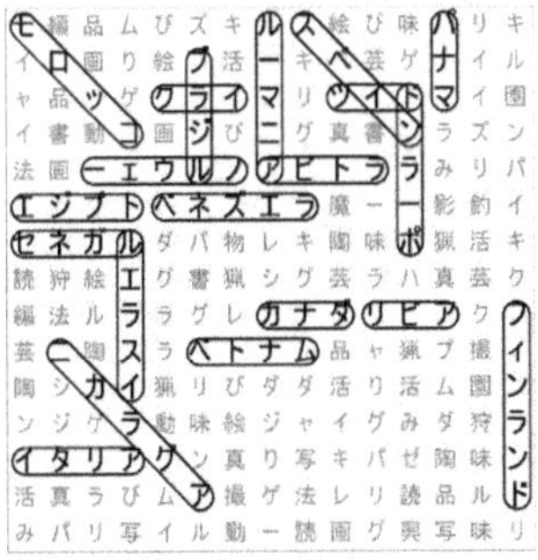

80 - Adjectives #1

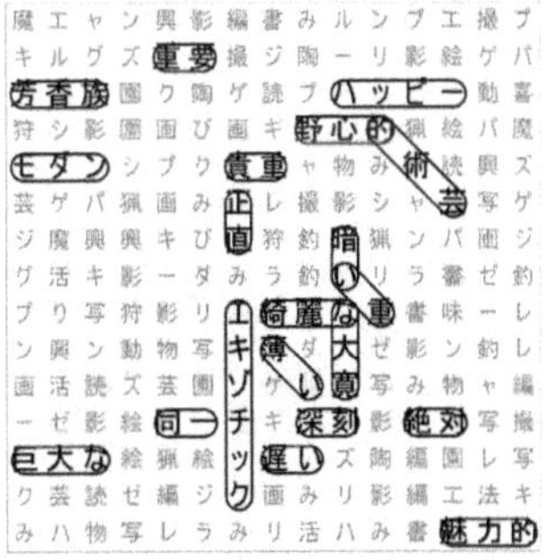

81 - Rainforest

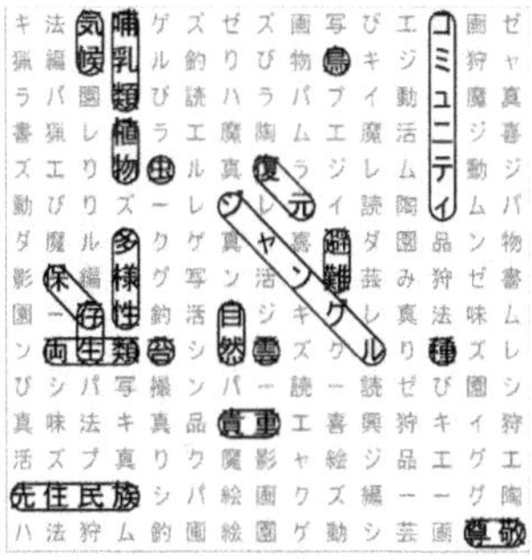

82 - Global Warming

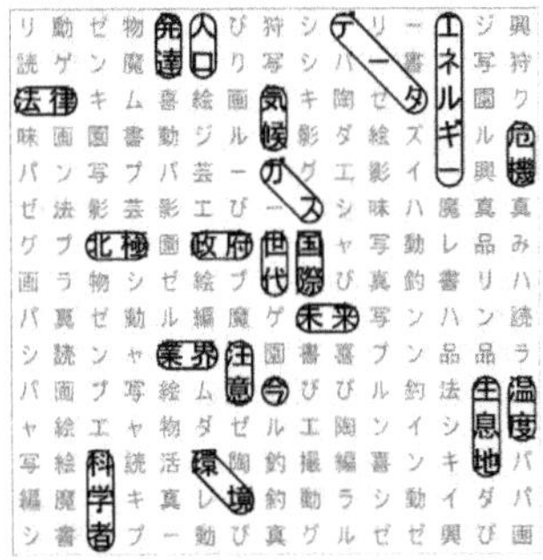

83 - Landscapes

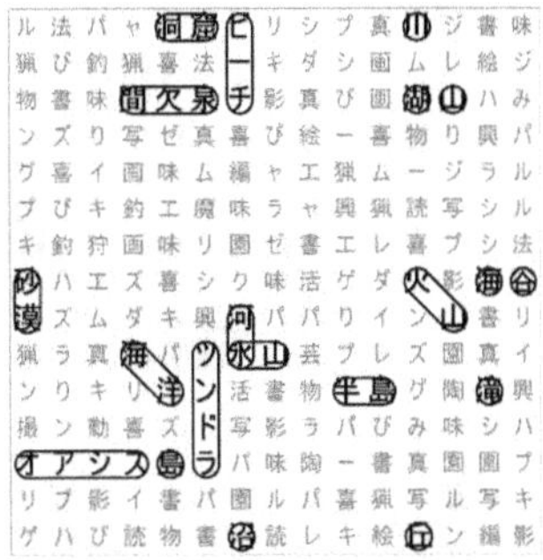

84 - Visual Arts

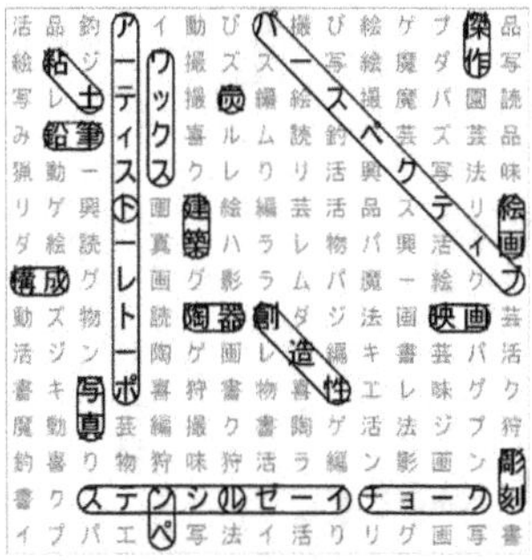

85 - Plants

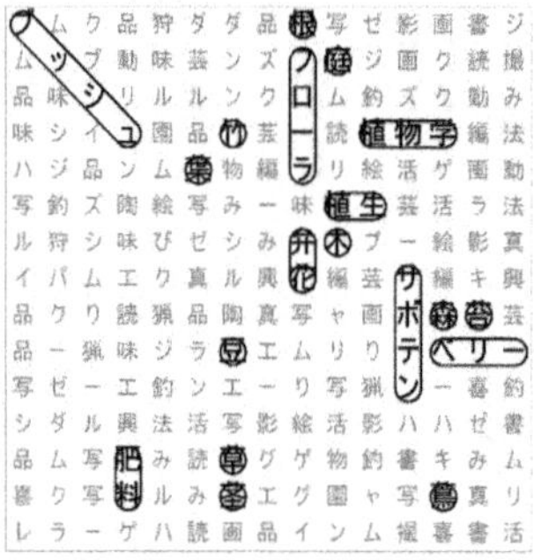

86 - Boxing

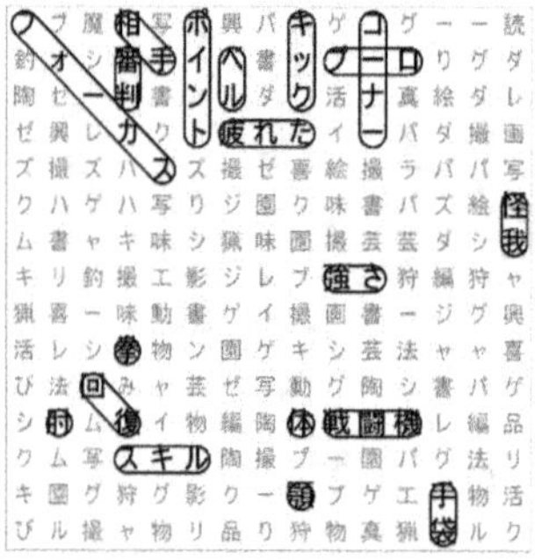

87 - Countries #2

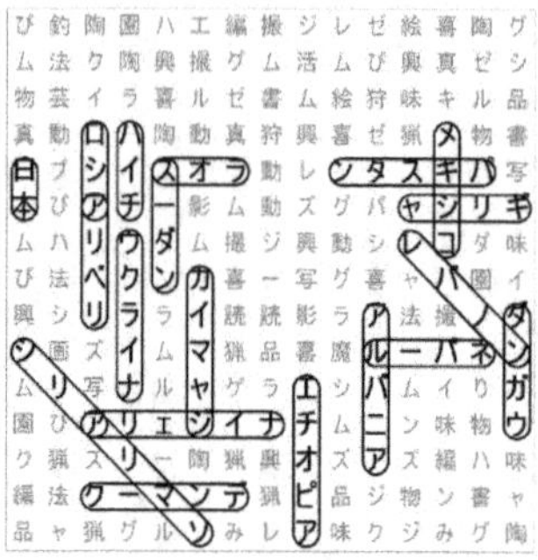

88 - Ecology

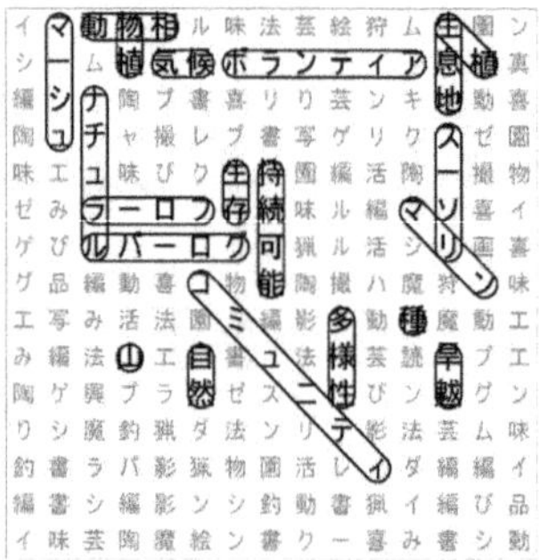

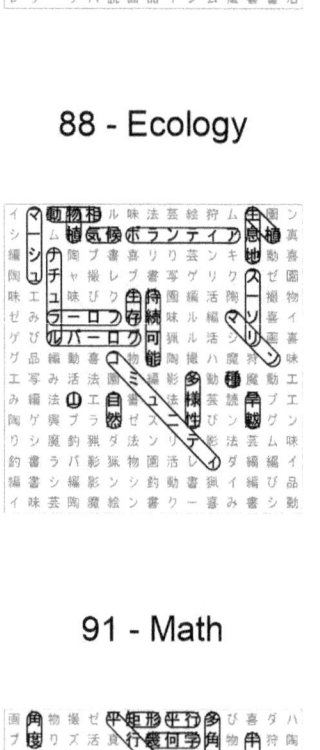

89 - Adjectives #2

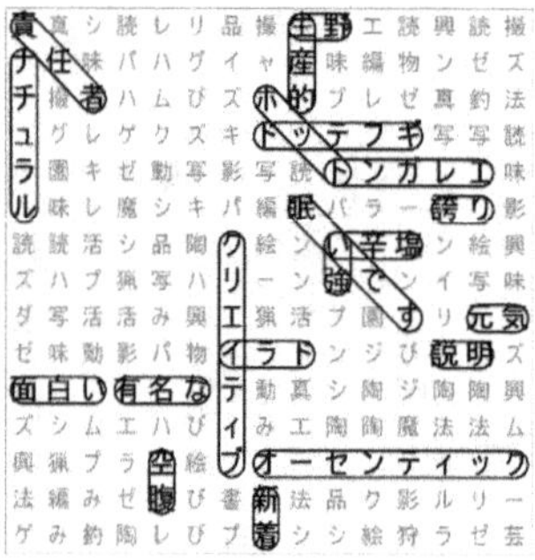

90 - Psychology

91 - Math

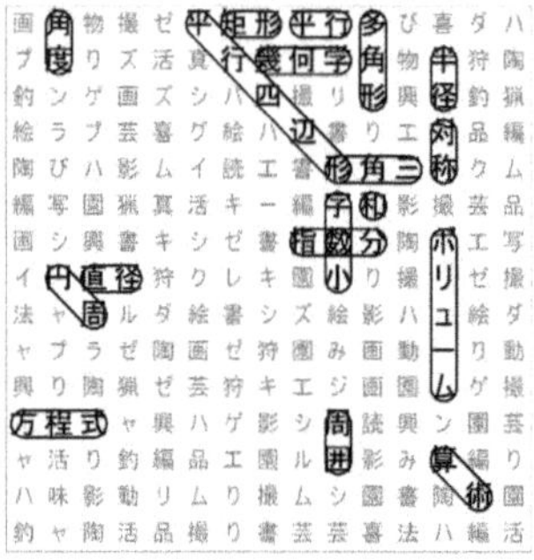

92 - Water

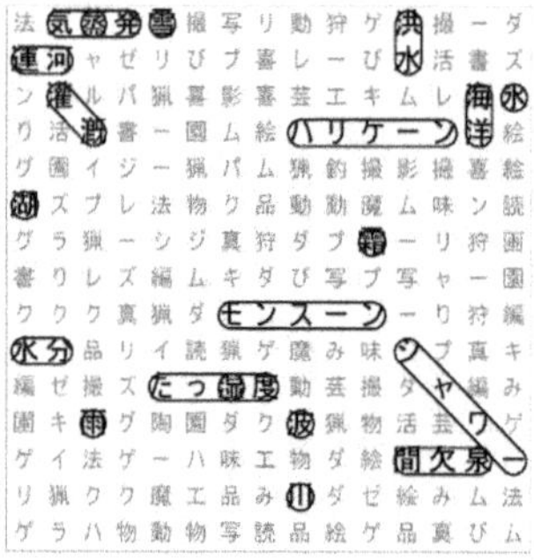

93 - Activities

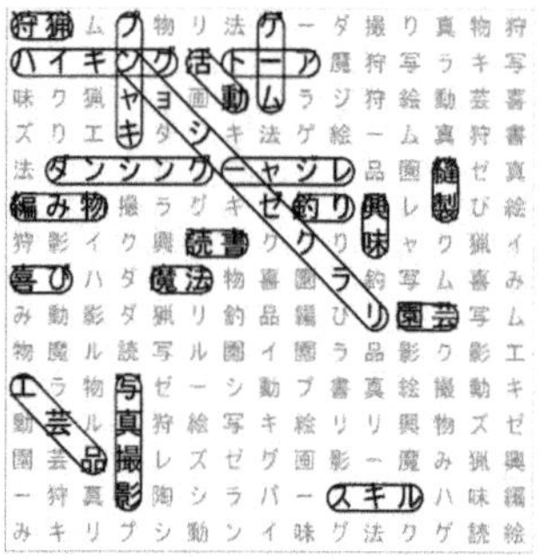

94 - Business

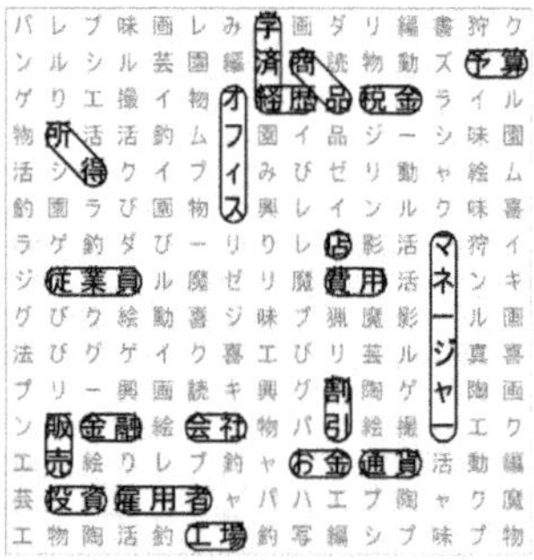

95 - The Company

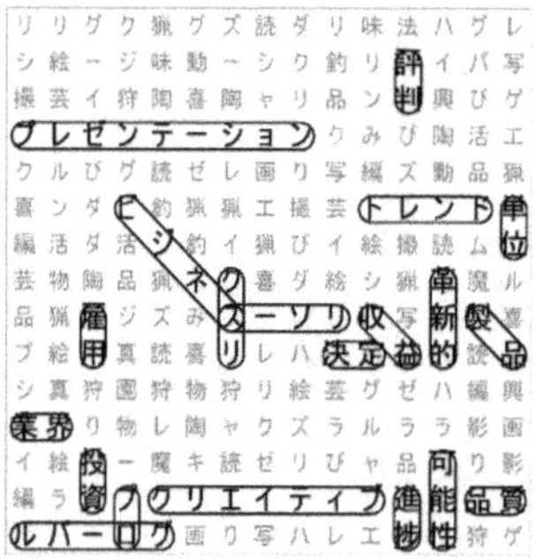

96 - Literature

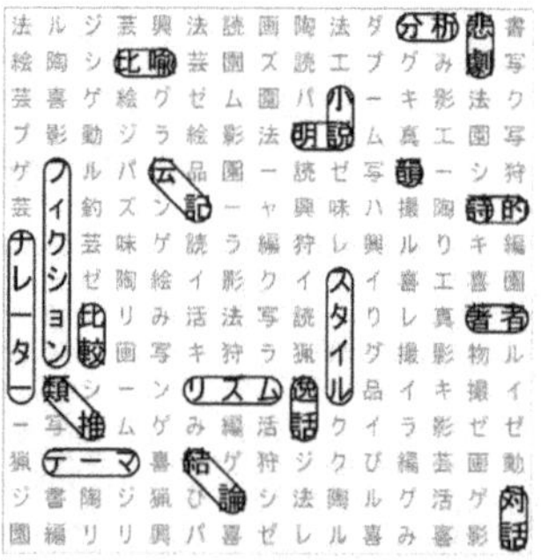

97 - Geography

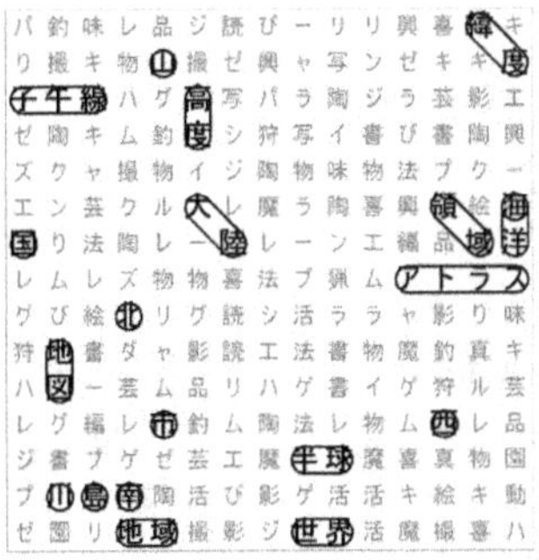

98 - Jazz

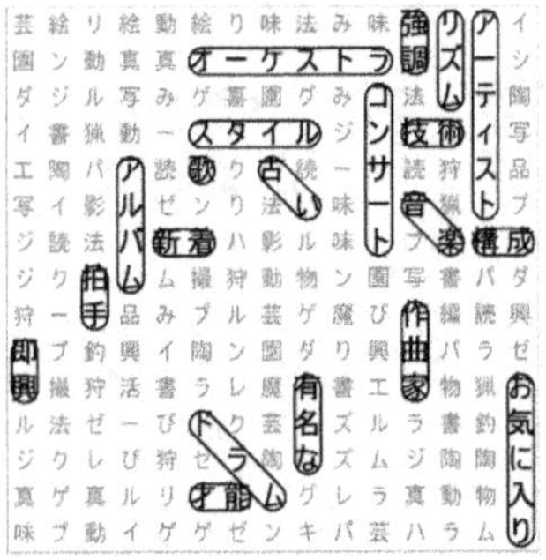

99 - Nature

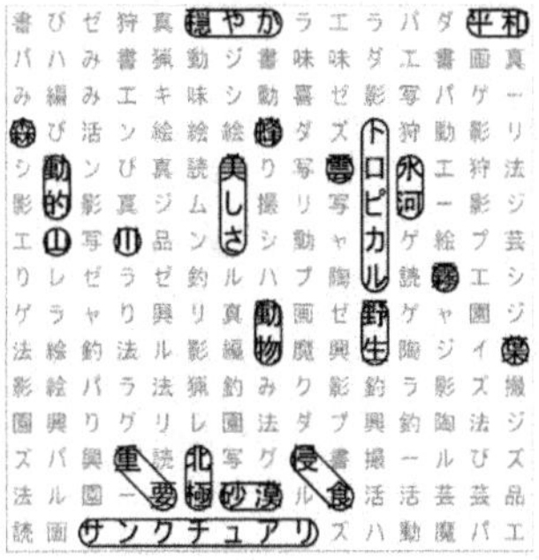

100 - Vacation #2

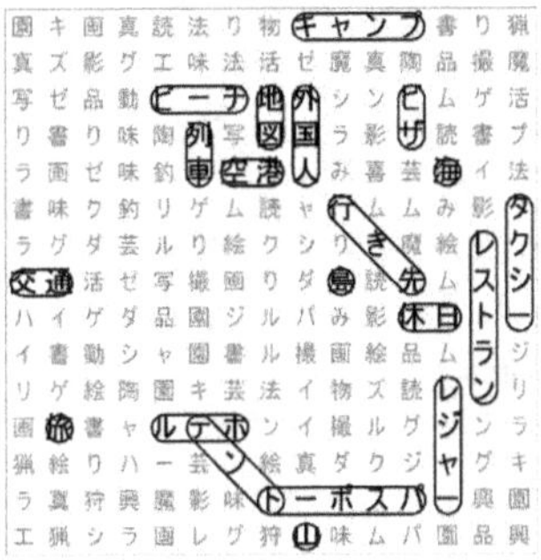

Dictionary

Activities
アクティビティ

Activity	活動
Art	アート
Camping	キャンプ
Crafts	工芸品
Dancing	ダンシング
Fishing	釣り
Games	ゲーム
Gardening	園芸
Hiking	ハイキング
Hunting	狩猟
Interests	興味
Knitting	編み物
Leisure	レジャー
Magic	魔法
Photography	写真撮影
Pleasure	喜び
Reading	読書
Relaxation	リラクゼーション
Sewing	縫製
Skill	スキル

Activities and Leisure
アクティビティとレジャー

Art	アート
Baseball	野球
Basketball	バスケットボール
Boxing	ボクシング
Camping	キャンプ
Diving	ダイビング
Fishing	釣り
Gardening	園芸
Golf	ゴルフ
Hiking	ハイキング
Hobbies	趣味
Painting	絵画
Racing	レーシング
Relaxing	リラックス
Soccer	サッカー
Surfing	サーフィン
Swimming	水泳
Tennis	テニス
Travel	旅行
Volleyball	バレーボール

Adjectives #1
形容詞 #1

Absolute	絶対
Ambitious	野心的
Aromatic	芳香族
Artistic	芸術的
Attractive	魅力的
Beautiful	綺麗な
Dark	暗い
Exotic	エキゾチック
Generous	寛大な
Happy	ハッピー
Heavy	重い
Honest	正直
Huge	巨大な
Identical	同一
Important	重要
Modern	モダン
Serious	深刻
Slow	遅い
Thin	薄い
Valuable	貴重

Adjectives #2
形容詞 #2

Authentic	オーセンティック
Creative	クリエイティブ
Descriptive	説明
Dry	ドライ
Elegant	エレガント
Famous	有名な
Gifted	ギフテッド
Healthy	元気
Hot	ホット
Hungry	空腹
Interesting	面白い
Natural	ナチュラル
New	新着
Productive	生産的
Proud	誇り
Responsible	責任者
Salty	塩辛い
Sleepy	眠いです
Strong	強い
Wild	野生

Adventure
アドベンチャー

Activity	活動
Beauty	美しさ
Bravery	勇気
Challenges	課題
Chance	チャンス
Dangerous	危険な
Destination	行き先
Difficulty	困難
Enthusiasm	熱意
Excursion	遠足
Friends	友達
Itinerary	旅程
Joy	喜び
Nature	自然
Navigation	ナビゲーション
New	新着
Opportunity	機会
Preparation	準備
Safety	安全性
Unusual	珍しい

Agronomy
農学

Agriculture	農業
Diseases	病気
Ecology	生態学
Energy	エネルギー
Environment	環境
Erosion	侵食
Fertilizer	肥料
Food	食べ物
Growth	成長
Organic	有機
Plants	植物
Pollution	汚染
Production	生産
Rural	田舎
Science	科学
Seeds	種子
Study	勉強
Systems	システム
Vegetables	野菜
Water	水

Airplanes
飛行機

Adventure	冒険
Air	空気
Altitude	高度
Atmosphere	雰囲気
Balloon	バルーン
Construction	建設
Crew	クルー
Descent	降下
Design	設計
Engine	エンジン
Fuel	燃料
Height	高さ
History	歴史
Hydrogen	水素
Landing	着陸
Passenger	旅客
Pilot	パイロット
Propellers	プロペラ
Sky	空
Turbulence	乱流

Algebra
代数学

Diagram	図
Equation	方程式
Exponent	指数
Factor	因子
False	偽
Formula	式
Fraction	分数
Graph	グラフ
Infinite	無限
Linear	線形
Matrix	マトリックス
Number	番号
Parenthesis	括弧
Problem	問題
Quantity	量
Simplify	単純化
Solution	解決
Subtraction	減算
Variable	変数
Zero	ゼロ

Antarctica
南極大陸

Bay	ベイ
Birds	鳥
Clouds	雲
Conservation	保全
Continent	大陸
Cove	入り江
Environment	環境
Expedition	遠征
Geography	地理
Glaciers	氷河
Ice	氷
Islands	島
Migration	移行
Peninsula	半島
Researcher	研究者
Rocky	ロッキー
Scientific	科学的
Temperature	温度
Topography	地形
Water	水

Antiques
アンティーク

Art	アート
Auction	競売
Authentic	オーセンティック
Century	世紀
Coins	コイン
Decades	数十年
Decorative	装飾
Elegant	エレガント
Furniture	家具
Gallery	ギャラリー
Investment	投資
Jewelry	ジュエリー
Old	古い
Price	価格
Quality	品質
Restoration	復元
Sculpture	彫刻
Style	スタイル
Unusual	珍しい
Value	値

Archeology
考古学

Analysis	分析
Bones	骨
Civilization	文明
Descendant	子孫
Era	時代
Evaluation	評価
Expert	専門家
Findings	調査結果
Forgotten	忘れられた
Fossil	化石
Mystery	ミステリー
Objects	オブジェクト
Pottery	陶器
Professor	教授
Relic	遺物
Researcher	研究者
Team	チーム
Temple	寺
Tomb	墓
Unknown	不明

Art Supplies
アートサプライ

Acrylic	アクリル
Brushes	ブラシ
Camera	カメラ
Chair	椅子
Charcoal	炭
Clay	粘土
Colors	色
Creativity	創造性
Easel	イーゼル
Eraser	消しゴム
Glue	のり
Ideas	アイデア
Ink	インク
Oil	油
Paints	塗料
Paper	紙
Pencils	鉛筆
Table	テーブル
Water	水
Watercolors	水彩画

Astronomy
天文学

Asteroid	小惑星
Astronaut	宇宙飛行士
Astronomer	天文学者
Constellation	星座
Earth	地球
Eclipse	食
Equinox	春分
Galaxy	銀河
Meteor	流星
Moon	月
Nebula	星雲
Observatory	天文台
Planet	惑星
Radiation	放射線
Rocket	ロケット
Satellite	衛星
Sky	空
Solar	太陽
Supernova	超新星
Zodiac	ゾディアック

Ballet
バレエ

Applause	拍手
Artistic	芸術的
Ballerina	バレリーナ
Choreography	振り付け
Composer	作曲家
Dancers	ダンサー
Expressive	表現力豊かな
Gesture	ジェスチャー
Intensity	強度
Lessons	レッスン
Muscles	筋肉
Music	音楽
Orchestra	オーケストラ
Practice	練習
Rehearsal	リハーサル
Rhythm	リズム
Skill	スキル
Solo	ソロ
Style	スタイル
Technique	技術

Barbecues
バーベキュー

Chicken	チキン
Children	子供達
Dinner	夕食
Family	家族
Food	食べ物
Forks	フォーク
Friends	友達
Fruit	フルーツ
Games	ゲーム
Grill	グリル
Hot	ホット
Hunger	飢餓
Knives	ナイフ
Music	音楽
Salads	サラダ
Salt	塩
Sauce	ソース
Summer	夏
Tomatoes	トマト
Vegetables	野菜

Beauty
ビューティー

Charm	魅力
Color	色
Cosmetics	化粧品
Curls	カール
Elegance	優雅
Elegant	エレガント
Fragrance	香り
Lipstick	口紅
Makeup	化粧
Mascara	マスカラ
Mirror	鏡
Oils	オイル
Photogenic	フォトジェニック
Products	製品
Scissors	はさみ
Services	サービス
Shampoo	シャンプー
Skin	肌
Stylist	スタイリスト

Bees
ミツバチ

Beneficial	有益
Blossom	花
Diversity	多様性
Ecosystem	生態系
Food	食べ物
Fruit	フルーツ
Garden	庭
Habitat	生息地
Hive	巣箱
Honey	蜂蜜
Insect	昆虫
Plants	植物
Pollen	花粉
Pollinator	花粉媒介者
Queen	女王
Smoke	煙
Sun	太陽
Swarm	群れ
Wax	ワックス
Wings	翼

Biology
生物学

Anatomy	解剖学
Bacteria	細菌
Cell	細胞
Chromosome	染色体
Collagen	コラーゲン
Embryo	胚
Enzyme	酵素
Evolution	進化
Hormone	ホルモン
Mammal	哺乳類
Mutation	突然変異
Natural	ナチュラル
Nerve	神経
Neuron	ニューロン
Osmosis	浸透
Photosynthesis	光合成
Protein	タンパク質
Reptile	爬虫類
Symbiosis	共生
Synapse	シナプス

Birds
鳥類

Canary	カナリア
Chicken	チキン
Crow	カラス
Cuckoo	カッコウ
Dove	鳩
Duck	アヒル
Eagle	鷲
Egg	卵
Flamingo	フラミンゴ
Goose	ガチョウ
Heron	サギ
Ostrich	ダチョウ
Parrot	オウム
Peacock	孔雀
Pelican	ペリカン
Penguin	ペンギン
Sparrow	スズメ
Stork	コウノトリ
Swan	白鳥
Toucan	オオハシ

Boats
ボート

Anchor	アンカー
Buoy	ブイ
Canoe	カヌー
Crew	クルー
Dock	ドック
Engine	エンジン
Ferry	フェリー
Kayak	カヤック
Lake	湖
Mast	マスト
Nautical	ノーティカル
Ocean	海洋
Raft	いかだ
River	川
Rope	ロープ
Sailor	セーラー
Sea	海
Tide	潮
Waves	波
Yacht	ヨット

Books
書籍

Adventure	冒険
Author	著者
Character	キャラクター
Collection	コレクション
Duality	二重性
Epic	エピック
Historical	歴史的
Humorous	ユーモラス
Inventive	発明
Literary	文学
Narrator	ナレーター
Novel	小説
Page	ページ
Poetry	詩
Reader	読者
Relevant	関連する
Series	シリーズ
Story	ストーリー
Tragic	悲劇的
Written	書かれた

Boxing
ボクシング

Bell	ベル
Body	体
Chin	顎
Corner	コーナー
Elbow	肘
Exhausted	疲れた
Fighter	戦闘機
Fist	拳
Focus	フォーカス
Gloves	手袋
Injuries	怪我
Kick	キック
Opponent	相手
Points	ポイント
Recovery	回復
Referee	審判
Ropes	ロープ
Skill	スキル
Strength	強さ

Buildings
建物

Apartment	アパート
Barn	納屋
Cabin	キャビン
Castle	城
Cinema	シネマ
Embassy	大使館
Factory	工場
Hospital	病院
Hostel	ホステル
Hotel	ホテル
Laboratory	研究室
Museum	博物館
Observatory	天文台
School	学校
Stadium	スタジアム
Supermarket	スーパーマーケット
Tent	テント
Theater	劇場
Tower	タワー
University	大学

Business
ビジネス

Budget	予算
Career	経歴
Company	会社
Cost	費用
Currency	通貨
Discount	割引
Economics	経済学
Employee	従業員
Employer	雇用者
Factory	工場
Finance	金融
Income	所得
Investment	投資
Manager	マネージャー
Merchandise	商品
Money	お金
Office	オフィス
Sale	販売
Shop	店
Taxes	税金

Camping
キャンプ

Adventure	冒険
Animals	動物
Cabin	キャビン
Canoe	カヌー
Compass	コンパス
Fire	火
Forest	森
Fun	楽しい
Hammock	ハンモック
Hat	帽子
Hunting	狩猟
Insect	昆虫
Lake	湖
Map	地図
Moon	月
Mountain	山
Nature	自然
Rope	ロープ
Tent	テント
Trees	木

Chemistry
化学

Acid	酸
Alkaline	アルカリ性
Atomic	アトミック
Carbon	炭素
Catalyst	触媒
Chlorine	塩素
Electron	電子
Enzyme	酵素
Gas	ガス
Heat	熱
Hydrogen	水素
Ion	イオン
Liquid	液体
Molecule	分子
Nuclear	核
Organic	有機
Oxygen	酸素
Salt	塩
Temperature	温度
Weight	重さ

Chess
チェス

Black	ブラック
Challenges	課題
Champion	チャンピオン
Clever	賢い
Contest	コンテスト
Diagonal	対角
Game	ゲーム
King	キング
Opponent	相手
Passive	パッシブ
Player	プレーヤー
Points	ポイント
Queen	女王
Rules	ルール
Sacrifice	犠牲
Strategy	戦略
Time	時間
To Learn	学ぶために
Tournament	トーナメント
White	白い

Chocolate
チョコレート

Antioxidant	酸化防止剤
Aroma	香り
Artisanal	職人
Bitter	苦い
Cacao	カカオ
Calories	カロリー
Caramel	カラメル
Coconut	ココナッツ
Craving	渇望
Delicious	美味しい
Exotic	エキゾチック
Favorite	お気に入り
Ingredient	成分
Peanuts	ピーナッツ
Powder	粉
Quality	品質
Recipe	レシピ
Sugar	砂糖
Sweet	甘い
Taste	味

Clothes
洋服

Apron	エプロン
Belt	ベルト
Blouse	ブラウス
Bracelet	ブレスレット
Coat	コート
Dress	ドレス
Fashion	ファッション
Gloves	手袋
Hat	帽子
Jacket	ジャケット
Jeans	ジーンズ
Jewelry	ジュエリー
Pajamas	パジャマ
Pants	パンツ
Sandals	サンダル
Scarf	スカーフ
Shirt	シャツ
Shoe	靴
Skirt	スカート
Sweater	セーター

Colors
[色]

Azure	紺碧
Beige	ベージュ
Black	ブラック
Blue	青
Brown	茶色
Crimson	クリムゾン
Cyan	シアン
Fuchsia	フクシア
Green	緑
Grey	グレー
Indigo	インジゴ
Magenta	マゼンタ
Orange	オレンジ
Pink	ピンク
Purple	紫
Red	赤
Sepia	セピア
Violet	バイオレット
White	白い
Yellow	黄色

Conservation
保全

Chemicals	化学薬品
Climate	気候
Concern	懸念
Cycle	サイクル
Ecosystem	生態系
Education	教育
Environmental	環境
Green	緑
Habitat	生息地
Health	健康
Natural	ナチュラル
Organic	有機
Pesticide	農薬
Pollution	汚染
Recycle	リサイクル
Reduce	削減
Sustainable	持続可能
Volunteer	ボランティア
Water	水

Countries #1
国 #1

Brazil	ブラジル
Canada	カナダ
Egypt	エジプト
Finland	フィンランド
Germany	ドイツ
Iraq	イラク
Israel	イスラエル
Italy	イタリア
Latvia	ラトビア
Libya	リビア
Morocco	モロッコ
Nicaragua	ニカラグア
Norway	ノルウェー
Panama	パナマ
Poland	ポーランド
Romania	ルーマニア
Senegal	セネガル
Spain	スペイン
Venezuela	ベネズエラ
Vietnam	ベトナム

Countries #2
国 #2

Albania	アルバニア
Denmark	デンマーク
Ethiopia	エチオピア
Greece	ギリシャ
Haiti	ハイチ
Jamaica	ジャマイカ
Japan	日本
Laos	ラオス
Lebanon	レバノン
Liberia	リベリア
Mexico	メキシコ
Nepal	ネパール
Nigeria	ナイジェリア
Pakistan	パキスタン
Russia	ロシア
Somalia	ソマリア
Sudan	スーダン
Syria	シリア
Uganda	ウガンダ
Ukraine	ウクライナ

Creativity
創造性

Artistic	芸術的
Authenticity	信憑性
Clarity	明快
Dramatic	劇的
Emotions	感情
Expression	表現
Fluidity	流動性
Ideas	アイデア
Image	画像
Imagination	想像力
Impression	印象
Inspiration	インスピレーション
Intensity	強度
Intuition	直感
Inventive	発明
Sensation	感覚
Skill	スキル
Spontaneous	自発
Visions	ビジョン
Vitality	活力

Days and Months
日と月

April	エイプリル
August	八月
Calendar	カレンダー
February	二月
Friday	金曜日
July	七月
June	六月
March	行進
May	五月
Monday	月曜日
Month	月
November	十一月
Saturday	土曜日
September	セプテンバー
Sunday	日曜日
Thursday	木曜日
Tuesday	火曜日
Wednesday	水曜日
Week	週
Year	年

Diplomacy
外交

Adviser	顧問
Ambassador	大使
Citizens	市民
Civic	シビック
Community	コミュニティ
Conflict	対立
Cooperation	協力
Diplomatic	外交
Discussion	議論
Embassy	大使館
Ethics	倫理
Government	政府
Humanitarian	人道主義者
Integrity	整合性
Justice	正義
Politics	政治
Resolution	解像度
Security	安全
Solution	解決
Treaty	条約

Disease
病気

Abdominal	腹部
Allergies	アレルギー
Bacterial	細菌
Body	体
Bones	骨
Chronic	慢性
Contagious	伝染性
Genetic	遺伝
Health	健康
Heart	心臓
Hereditary	遺伝性
Immunity	免疫
Inflammation	炎症
Lumbar	腰椎
Neuropathy	神経障害
Pathogens	病原体
Respiratory	呼吸器
Syndrome	症候群
Therapy	治療
Weak	弱い

Driving
運転

Accident	事故
Brakes	ブレーキ
Car	車
Danger	危険
Fuel	燃料
Garage	ガレージ
Gas	ガス
License	ライセンス
Map	地図
Motor	モーター
Motorcycle	オートバイ
Pedestrian	歩行者
Police	警察
Road	道
Safety	安全性
Speed	速度
Street	ストリート
Traffic	交通
Truck	トラック
Tunnel	トンネル

Ecology
エコロジー

Climate	気候
Communities	コミュニティ
Diversity	多様性
Drought	旱魃
Fauna	動物相
Flora	フローラ
Global	グローバル
Habitat	生息地
Marine	マリン
Marsh	マーシュ
Mountains	山
Natural	ナチュラル
Nature	自然
Plants	植物
Resources	リソース
Species	種
Survival	生存
Sustainable	持続可能
Vegetation	植生
Volunteers	ボランティア

Energy
エネルギー

Battery	電池
Carbon	炭素
Diesel	ディーゼル
Electric	電気
Electron	電子
Engine	エンジン
Entropy	エントロピー
Environment	環境
Fuel	燃料
Gasoline	ガソリン
Heat	熱
Hydrogen	水素
Industry	業界
Motor	モーター
Nuclear	核
Photon	光子
Pollution	汚染
Renewable	再生可能
Turbine	タービン
Wind	風

Engineering
エンジニアリング

Angle	角度
Axis	軸
Calculation	計算
Construction	建設
Depth	深さ
Diagram	図
Diameter	直径
Diesel	ディーゼル
Distribution	分布
Energy	エネルギー
Engine	エンジン
Gears	ギア
Levers	レバー
Liquid	液体
Machine	機械
Measurement	測定
Motor	モーター
Propulsion	推進
Stability	安定性
Structure	構造

Family
ファミリー

Ancestor	祖先
Aunt	叔母
Brother	兄弟
Child	子供
Childhood	子供の頃
Children	子供達
Cousin	いとこ
Daughter	娘
Father	父
Grandchild	孫
Grandfather	祖父
Husband	夫
Maternal	母性
Mother	母
Nephew	甥
Niece	姪
Paternal	父方の
Sister	姉妹
Uncle	叔父
Wife	妻

Farm #1
ファーム #1

Agriculture	農業
Bee	蜂
Bison	バイソン
Calf	ふくらはぎ
Cat	猫
Chicken	チキン
Cow	牛
Crow	カラス
Dog	犬
Donkey	ロバ
Fence	フェンス
Fertilizer	肥料
Field	フィールド
Goat	ヤギ
Hay	ヘイ
Honey	蜂蜜
Horse	馬
Rice	米
Seeds	種子
Water	水

Farm #2
ファーム #2

Animals	動物
Barley	オオムギ
Barn	納屋
Corn	コーン
Duck	アヒル
Farmer	農家
Food	食べ物
Fruit	フルーツ
Irrigation	灌漑
Lamb	子羊
Llama	ラマ
Meadow	牧草地
Milk	ミルク
Orchard	オーチャード
Sheep	羊
Shepherd	羊飼い
Tractor	トラクター
Vegetable	野菜
Wheat	小麦
Windmill	風車

Fashion
ファッション

Affordable	手頃な価格
Boutique	ブティック
Buttons	ボタン
Clothing	衣類
Comfortable	快適
Elegant	エレガント
Embroidery	刺繍
Expensive	高価な
Fabric	生地
Lace	レース
Measurements	測定
Minimalist	ミニマリスト
Modern	モダン
Original	オリジナル
Pattern	パターン
Practical	実用的
Sophisticated	洗練された
Style	スタイル
Texture	テクスチャ
Trend	トレンド

Food #1
食べ物 #1

Apricot	アプリコット
Barley	オオムギ
Basil	バジル
Carrot	にんじん
Cinnamon	シナモン
Garlic	ニンニク
Juice	ジュース
Lemon	レモン
Milk	ミルク
Onion	玉葱
Peanut	落花生
Pear	梨
Salad	サラダ
Salt	塩
Soup	スープ
Spinach	ほうれん草
Strawberry	苺
Sugar	砂糖
Tuna	ツナ
Turnip	カブ

Food #2
食べ物 #2

Apple	アップル
Artichoke	アーティチョーク
Banana	バナナ
Broccoli	ブロッコリー
Celery	セロリ
Cheese	チーズ
Cherry	チェリー
Chicken	チキン
Chocolate	チョコレート
Egg	卵
Eggplant	茄子
Fish	魚
Grape	葡萄
Ham	ハム
Kiwi	キウイ
Mushroom	キノコ
Rice	米
Tomato	トマト
Wheat	小麦
Yogurt	ヨーグルト

Force and Gravity
力と重力

Axis	軸
Center	センター
Discovery	発見
Distance	距離
Dynamic	動的
Expansion	拡張
Friction	摩擦
Impact	影響
Magnetism	磁気
Magnitude	マグニチュード
Mechanics	力学
Motion	モーション
Orbit	軌道
Physics	物理学
Pressure	圧力
Properties	プロパティ
Speed	速度
Time	時間
Universal	ユニバーサル
Weight	重さ

Fruit
フルーツ

Apple	アップル
Apricot	アプリコット
Avocado	アボカド
Banana	バナナ
Berry	ベリー
Cherry	チェリー
Coconut	ココナッツ
Fig	イチジク
Grape	葡萄
Guava	グアバ
Kiwi	キウイ
Lemon	レモン
Mango	マンゴー
Melon	メロン
Nectarine	ネクタリン
Papaya	パパイヤ
Peach	桃
Pear	梨
Pineapple	パイナップル
Raspberry	ラズベリー

Furniture
家具

Armchair	アームチェア
Armoire	戸棚
Bed	ベッド
Bench	ベンチ
Bookcase	本棚
Chair	椅子
Comforters	掛け布団
Couch	ソファ
Curtains	カーテン
Cushions	クッション
Desk	机
Dresser	ドレッサー
Futon	布団
Hammock	ハンモック
Lamp	ランプ
Mattress	マットレス
Mirror	鏡
Pillow	枕
Rug	ラグ
Shelves	棚

Garden
ガーデン

Bench	ベンチ
Bush	ブッシュ
Fence	フェンス
Flower	花
Garage	ガレージ
Garden	庭
Grass	草
Hammock	ハンモック
Hose	ホース
Lawn	芝生
Orchard	オーチャード
Pond	池
Porch	ポーチ
Rake	熊手
Rocks	岩
Shovel	シャベル
Terrace	テラス
Trampoline	トランポリン
Tree	木
Weeds	雑草

Geography
地理学

Altitude	高度
Atlas	アトラス
City	市
Continent	大陸
Country	国
Hemisphere	半球
Island	島
Latitude	緯度
Map	地図
Meridian	子午線
Mountain	山
North	北
Ocean	海洋
Region	領域
River	川
Sea	海
South	南
Territory	地域
West	西
World	世界

Geology
地質学

Acid	酸
Calcium	カルシウム
Cavern	洞窟
Continent	大陸
Coral	コーラル
Crystals	結晶
Cycles	サイクル
Earthquake	地震
Erosion	侵食
Fossil	化石
Geyser	間欠泉
Lava	溶岩
Layer	層
Minerals	ミネラル
Plateau	高原
Quartz	石英
Salt	塩
Stalactite	鍾乳石
Stone	石
Volcano	火山

Geometry
ジオメトリ

Angle	角度
Calculation	計算
Circle	円
Curve	曲線
Diameter	直径
Dimension	次元
Equation	方程式
Height	高さ
Horizontal	水平
Logic	論理
Mass	質量
Median	中央値
Number	番号
Parallel	平行
Proportion	割合
Segment	セグメント
Surface	表面
Symmetry	対称
Theory	理論
Triangle	三角形

Global Warming
地球温暖化

Arctic	北極
Attention	注意
Climate	気候
Crisis	危機
Data	データ
Development	発達
Energy	エネルギー
Environmental	環境
Future	未来
Gas	ガス
Generations	世代
Government	政府
Habitats	生息地
Industry	業界
International	国際
Legislation	法律
Now	今
Populations	人口
Scientist	科学者
Temperatures	温度

Government
政府

Citizenship	市民権
Civil	市民
Constitution	憲法
Democracy	民主主義
Discussion	議論
Equality	平等
Independence	独立
Judicial	司法
Justice	正義
Law	法律
Leader	リーダー
Liberty	自由
Monument	記念碑
Nation	国家
Peaceful	平和
Politics	政治
Power	パワー
Speech	スピーチ
State	状態
Symbol	シンボル

Hair Types
ヘアタイプ

Bald	禿
Black	ブラック
Blond	ブロンド
Braided	編組
Braids	三つ編み
Brown	茶色
Colored	有色
Curls	カール
Curly	カーリー
Dry	ドライ
Gray	グレー
Healthy	元気
Scalp	頭皮
Shiny	シャイニー
Short	短い
Silver	銀
Soft	ソフト
Thick	厚い
Thin	薄い
White	白い

Health and Wellness #1
ヘルス＆ウェルネス #1

Active	アクティブ
Bacteria	細菌
Bones	骨
Clinic	診療所
Doctor	医者
Fracture	骨折
Habit	習慣
Height	高さ
Hormones	ホルモン
Hunger	飢餓
Injury	怪我
Medicine	薬
Muscles	筋肉
Nerves	神経
Pharmacy	薬局
Reflex	反射
Relaxation	リラクゼーション
Skin	肌
Therapy	治療
Virus	ウイルス

Health and Wellness #2
ヘルス＆ウェルネス #2

Allergy	アレルギー
Anatomy	解剖学
Appetite	食欲
Blood	血
Calorie	カロリー
Dehydration	脱水
Diet	ダイエット
Disease	病気
Energy	エネルギー
Genetics	遺伝学
Healthy	元気
Hospital	病院
Hygiene	衛生
Infection	感染
Massage	マッサージ
Nutrition	栄養
Recovery	回復
Stress	ストレス
Vitamin	ビタミン
Weight	重さ

Herbalism
本草学

Aromatic	芳香族
Basil	バジル
Beneficial	有益
Culinary	料理
Fennel	フェンネル
Flavor	味
Flower	花
Garden	庭
Garlic	ニンニク
Green	緑
Ingredient	成分
Lavender	ラベンダー
Marjoram	マージョラム
Mint	ミント
Oregano	オレガノ
Parsley	パセリ
Plant	植物
Rosemary	ローズマリー
Saffron	サフラン
Tarragon	タラゴン

Hiking
ハイキング

Animals	動物
Boots	ブーツ
Camping	キャンプ
Cliff	崖
Climate	気候
Guides	ガイド
Heavy	重い
Map	地図
Mosquitoes	蚊
Mountain	山
Nature	自然
Orientation	オリエンテーション
Parks	公園
Preparation	準備
Stones	石
Summit	サミット
Sun	太陽
Tired	疲れた
Water	水
Wild	野生

House
ハウス

Attic	屋根裏
Broom	ほうき
Curtains	カーテン
Door	ドア
Fence	フェンス
Fireplace	暖炉
Floor	床
Furniture	家具
Garage	ガレージ
Garden	庭
Keys	キー
Kitchen	キッチン
Lamp	ランプ
Library	図書館
Mirror	鏡
Roof	屋根
Room	部屋
Shower	シャワー
Wall	壁
Window	窓

Human Body
人体

Ankle	足首
Blood	血
Bones	骨
Brain	脳
Chin	顎
Ear	耳
Elbow	肘
Face	顔
Finger	指
Hand	手
Head	頭
Heart	心臓
Knee	膝
Leg	足
Lips	唇
Mouth	口
Neck	首
Nose	鼻
Shoulder	肩
Skin	肌

Jazz
ジャズ

Album	アルバム
Applause	拍手
Artist	アーティスト
Composer	作曲家
Composition	構成
Concert	コンサート
Drums	ドラム
Emphasis	強調
Famous	有名な
Favorites	お気に入り
Improvisation	即興
Music	音楽
New	新着
Old	古い
Orchestra	オーケストラ
Rhythm	リズム
Song	歌
Style	スタイル
Talent	才能
Technique	技術

Landscapes
風景

Beach	ビーチ
Cave	洞窟
Desert	砂漠
Geyser	間欠泉
Glacier	氷河
Hill	丘
Iceberg	氷山
Island	島
Lake	湖
Mountain	山
Oasis	オアシス
Ocean	海洋
Peninsula	半島
River	川
Sea	海
Swamp	沼
Tundra	ツンドラ
Valley	谷
Volcano	火山
Waterfall	滝

Literature
文学

Analogy	類推
Analysis	分析
Anecdote	逸話
Author	著者
Biography	伝記
Comparison	比較
Conclusion	結論
Description	説明
Dialogue	対話
Fiction	フィクション
Metaphor	比喩
Narrator	ナレーター
Novel	小説
Poem	詩
Poetic	詩的
Rhyme	韻
Rhythm	リズム
Style	スタイル
Theme	テーマ
Tragedy	悲劇

Mammals
哺乳類

Bear	熊
Beaver	ビーバー
Bull	ブル
Cat	猫
Coyote	コヨーテ
Dog	犬
Dolphin	イルカ
Elephant	象
Fox	狐
Giraffe	キリン
Gorilla	ゴリラ
Horse	馬
Kangaroo	カンガルー
Lion	ライオン
Monkey	猿
Rabbit	うさぎ
Sheep	羊
Whale	鯨
Wolf	狼
Zebra	シマウマ

Math
数学

Angles	角度
Arithmetic	算術
Circumference	円周
Decimal	小数
Diameter	直径
Equation	方程式
Exponent	指数
Fraction	分数
Geometry	幾何学
Numbers	数字
Parallel	平行
Parallelogram	平行四辺形
Perimeter	周囲
Polygon	多角形
Radius	半径
Rectangle	矩形
Sum	和
Symmetry	対称
Triangle	三角形
Volume	ボリューム

Measurements
測定値

Byte	バイト
Centimeter	センチメートル
Decimal	小数
Degree	度
Depth	深さ
Gram	グラム
Height	高さ
Inch	インチ
Kilogram	キログラム
Kilometer	キロメートル
Length	長さ
Liter	リットル
Mass	質量
Meter	メーター
Minute	分
Ounce	オンス
Ton	トン
Volume	ボリューム
Weight	重さ
Width	幅

Meditation
瞑想

Acceptance	受け入れ
Attention	注意
Breathing	呼吸
Clarity	明快
Compassion	思いやり
Emotions	感情
Gratitude	感謝
Habits	習慣
Kindness	親切
Mental	メンタル
Mind	マインド
Movement	動き
Music	音楽
Nature	自然
Observation	観察
Peace	平和
Perspective	パースペクティブ
Silence	沈黙
Thoughts	思考
To Learn	学ぶために

Music
音楽

Album	アルバム
Ballad	バラード
Chorus	コーラス
Classical	クラシック
Eclectic	折衷
Harmonic	ハーモニック
Harmony	調和
Instrument	楽器
Lyrical	叙情的
Melody	メロディー
Microphone	マイク
Musical	ミュージカル
Musician	音楽家
Opera	オペラ
Poetic	詩的
Recording	録音
Rhythmic	リズム
Sing	歌う
Singer	歌手
Vocal	ボーカル

Musical Instruments
楽器

Banjo	バンジョー
Bassoon	ファゴット
Cello	チェロ
Chimes	チャイム
Clarinet	クラリネット
Drum	ドラム
Flute	フルート
Gong	ゴング
Guitar	ギター
Harp	ハープ
Mandolin	マンドリン
Marimba	マリンバ
Oboe	オーボエ
Percussion	パーカッション
Piano	ピアノ
Saxophone	サックス
Tambourine	タンバリン
Trombone	トロンボーン
Trumpet	トランペット
Violin	バイオリン

Mythology
神話

Archetype	原型
Behavior	行動
Beliefs	信念
Creation	作成
Creature	生き物
Culture	文化
Deities	神々
Disaster	災害
Heaven	天国
Hero	ヒーロー
Immortality	不死
Jealousy	嫉妬
Labyrinth	ラビリンス
Legend	伝説
Lightning	稲妻
Monster	モンスター
Mortal	モータル
Revenge	復讐
Thunder	雷
Warrior	戦士

Nature
自然

Animals	動物
Arctic	北極
Beauty	美しさ
Bees	蜂
Clouds	雲
Desert	砂漠
Dynamic	動的
Erosion	侵食
Fog	霧
Foliage	葉
Forest	森
Glacier	氷河
Mountains	山
Peaceful	平和
River	川
Sanctuary	サンクチュアリ
Serene	穏やか
Tropical	トロピカル
Vital	重要
Wild	野生

Numbers
数字

Decimal	小数
Eight	八
Eighteen	十八
Fifteen	十五
Five	五
Four	四
Fourteen	十四
Nine	九
Nineteen	十九
One	一
Seven	セブン
Seventeen	セブンティーン
Six	六
Sixteen	十六
Ten	十
Thirteen	十三
Three	三
Twelve	十二
Twenty	二十
Two	二

Nutrition
栄養

Appetite	食欲
Balanced	バランス
Bitter	苦い
Calories	カロリー
Carbohydrates	炭水化物
Diet	ダイエット
Digestion	消化
Edible	食用
Fermentation	発酵
Flavor	味
Habits	習慣
Health	健康
Healthy	元気
Nutrient	栄養素
Proteins	タンパク質
Quality	品質
Sauce	ソース
Toxin	毒素
Vitamin	ビタミン
Weight	重さ

Ocean
海洋

Algae	藻
Coral	コーラル
Crab	カニ
Dolphin	イルカ
Eel	うなぎ
Fish	魚
Jellyfish	クラゲ
Octopus	たこ
Oyster	カキ
Reef	リーフ
Salt	塩
Seaweed	海藻
Shark	鮫
Shrimp	エビ
Sponge	スポンジ
Storm	嵐
Tides	潮汐
Tuna	ツナ
Turtle	カメ
Whale	鯨

Physics
物理学

Acceleration	加速
Atom	原子
Chaos	混沌
Chemical	化学薬品
Density	密度
Electron	電子
Engine	エンジン
Expansion	拡張
Formula	式
Frequency	周波数
Gas	ガス
Magnetism	磁気
Mass	質量
Mechanics	力学
Molecule	分子
Nuclear	核
Particle	粒子
Relativity	相対性理論
Universal	ユニバーサル
Velocity	速度

Plants
植物

Bamboo	竹
Bean	豆
Berry	ベリー
Botany	植物学
Bush	ブッシュ
Cactus	サボテン
Fertilizer	肥料
Flora	フローラ
Flower	花
Foliage	葉
Forest	森
Garden	庭
Grass	草
Ivy	蔦
Moss	苔
Petal	花弁
Root	根
Stem	茎
Tree	木
Vegetation	植生

Professions #1
職業 #1

Ambassador	大使
Astronomer	天文学者
Attorney	弁護士
Banker	銀行家
Cartographer	地図製作者
Coach	コーチ
Dancer	踊り子
Doctor	医者
Editor	編集者
Geologist	地質学者
Hunter	ハンター
Jeweler	宝石商
Musician	音楽家
Nurse	看護婦
Pianist	ピアニスト
Plumber	配管工
Psychologist	心理学者
Sailor	セーラー
Tailor	テーラー
Veterinarian	獣医

Professions #2
職業 #2

Astronaut	宇宙飛行士
Biologist	生物学者
Dentist	歯医者
Detective	探偵
Engineer	エンジニア
Farmer	農家
Gardener	庭師
Illustrator	イラストレーター
Inventor	発明者
Journalist	ジャーナリスト
Librarian	司書
Linguist	言語学者
Painter	画家
Philosopher	哲学者
Photographer	写真家
Physician	医師
Pilot	パイロット
Surgeon	外科医
Teacher	先生
Zoologist	動物学者

Psychology
心理学

Assessment	評価
Behavior	行動
Childhood	子供の頃
Clinical	臨床
Cognition	認知
Conflict	対立
Dreams	夢
Ego	自我
Emotions	感情
Experiences	経験
Ideas	アイデア
Influences	影響
Memories	思い出
Perception	知覚
Problem	問題
Reality	現実
Sensation	感覚
Therapy	治療
Thoughts	思考
Unconscious	無意識

Rainforest
レインフォレスト

Amphibians	両生類
Birds	鳥
Botanical	植物
Climate	気候
Clouds	雲
Community	コミュニティ
Diversity	多様性
Indigenous	先住民族
Insects	虫
Jungle	ジャングル
Mammals	哺乳類
Moss	苔
Nature	自然
Preservation	保存
Refuge	避難
Respect	尊敬
Restoration	復元
Species	種
Survival	生存
Valuable	貴重

Restaurant #2
レストラン #2

Beverage	飲料
Cake	ケーキ
Chair	椅子
Delicious	美味しい
Dinner	夕食
Eggs	卵
Fish	魚
Fork	フォーク
Fruit	フルーツ
Ice	氷
Lunch	ランチ
Noodles	麺
Salad	サラダ
Salt	塩
Soup	スープ
Spices	スパイス
Spoon	スプーン
Vegetables	野菜
Waiter	ウエイター
Water	水

Science
理科

Atom	原子
Chemical	化学薬品
Climate	気候
Data	データ
Evolution	進化
Experiment	実験
Fact	事実
Fossil	化石
Gravity	重力
Hypothesis	仮説
Laboratory	研究室
Method	方法
Minerals	ミネラル
Molecules	分子
Nature	自然
Organism	生物
Particles	粒子
Physics	物理学
Plants	植物
Scientist	科学者

Science Fiction
サイエンス・フィクション

Atomic	アトミック
Books	書籍
Chemicals	化学薬品
Cinema	シネマ
Clones	クローン
Dystopia	ディストピア
Explosion	爆発
Fantastic	素晴らしい
Fire	火
Futuristic	未来的
Galaxy	銀河
Illusion	イリュージョン
Imaginary	虚数
Mysterious	神秘的な
Oracle	オラクル
Planet	惑星
Robots	ロボット
Technology	技術
Utopia	ユートピア
World	世界

Scientific Disciplines
科学分野

Anatomy	解剖学
Archaeology	考古学
Astronomy	天文学
Biochemistry	生化学
Biology	生物学
Botany	植物学
Chemistry	化学
Ecology	生態学
Geology	地質学
Immunology	免疫学
Kinesiology	キネシオロジー
Linguistics	言語学
Mechanics	力学
Mineralogy	鉱物学
Neurology	神経学
Physiology	生理
Psychology	心理学
Sociology	社会学
Thermodynamics	熱力学
Zoology	動物学

Spices
スパイス

Anise	アニス
Bitter	苦い
Cardamom	カルダモン
Cinnamon	シナモン
Clove	クローブ
Coriander	コリアンダー
Cumin	クミン
Curry	カレー
Fennel	フェンネル
Fenugreek	フェヌグリーク
Flavor	味
Garlic	ニンニク
Ginger	ショウガ
Nutmeg	ナツメグ
Onion	玉葱
Paprika	パプリカ
Saffron	サフラン
Salt	塩
Sweet	甘い
Vanilla	バニラ

The Company
ザ・カンパニー

Business	ビジネス
Creative	クリエイティブ
Decision	決定
Employment	雇用
Global	グローバル
Industry	業界
Innovative	革新的
Investment	投資
Possibility	可能性
Presentation	プレゼンテーション
Product	製品
Professional	プロ
Progress	進捗
Quality	品質
Reputation	評判
Resources	リソース
Revenue	収益
Risks	リスク
Trends	トレンド
Units	単位

The Media
メディア

Advertisements	広告
Attitudes	態度
Commercial	商業
Communication	通信
Digital	デジタル
Edition	版
Education	教育
Facts	事実
Funding	資金調達
Images	画像
Individual	個人
Industry	業界
Intellectual	知的
Local	ローカル
Network	通信網
Newspapers	新聞
Online	オンライン
Opinion	意見
Public	公共
Radio	ラジオ

Time
時間

Annual	通年
Before	前
Calendar	カレンダー
Century	世紀
Clock	時計
Day	日
Decade	十年
Early	早い
Future	未来
Hour	時間
Minute	分
Month	月
Morning	朝
Night	夜
Noon	昼
Now	今
Soon	すぐ
Today	今日
Week	週
Year	年

To Fill
塗りつぶすには

Bag	バッグ
Barrel	バレル
Basket	バスケット
Bottle	ボトル
Box	箱
Bucket	バケツ
Carton	カートン
Crate	クレート
Drawer	引き出し
Envelope	封筒
Folder	フォルダ
Jar	瓶
Packet	パケット
Pocket	ポケット
Suitcase	スーツケース
Tray	トレイ
Tub	浴槽
Tube	チューブ
Vase	花瓶
Vessel	容器

Town
町

Airport	空港
Bakery	ベーカリー
Bank	銀行
Bookstore	書店
Cinema	シネマ
Clinic	診療所
Florist	花屋
Gallery	ギャラリー
Hotel	ホテル
Library	図書館
Market	市場
Museum	博物館
Pharmacy	薬局
School	学校
Stadium	スタジアム
Store	店
Supermarket	スーパーマーケット
Theater	劇場
University	大学
Zoo	動物園

Universe
宇宙

Asteroid	小惑星
Astronomer	天文学者
Astronomy	天文学
Atmosphere	雰囲気
Celestial	天体
Cosmic	コズミック
Darkness	闇
Equator	赤道
Galaxy	銀河
Hemisphere	半球
Horizon	地平線
Latitude	緯度
Moon	月
Orbit	軌道
Sky	空
Solar	太陽
Solstice	至点
Telescope	望遠鏡
Visible	目に見える
Zodiac	ゾディアック

Vacation #2
バケーション #2

Airport	空港
Beach	ビーチ
Camping	キャンプ
Destination	行き先
Foreigner	外国人
Holiday	休日
Hotel	ホテル
Island	島
Journey	旅
Leisure	レジャー
Map	地図
Mountains	山
Passport	パスポート
Restaurant	レストラン
Sea	海
Taxi	タクシー
Tent	テント
Train	列車
Transportation	交通
Visa	ビザ

Vegetables
野菜

Artichoke	アーティチョーク
Broccoli	ブロッコリー
Carrot	にんじん
Cauliflower	カリフラワー
Celery	セロリ
Cucumber	キュウリ
Eggplant	茄子
Garlic	ニンニク
Ginger	ショウガ
Mushroom	キノコ
Onion	玉葱
Parsley	パセリ
Pea	エンドウ
Pumpkin	かぼちゃ
Radish	だいこん
Salad	サラダ
Shallot	エシャロット
Spinach	ほうれん草
Tomato	トマト
Turnip	カブ

Vehicles
車両

Airplane	飛行機
Ambulance	救急車
Bicycle	自転車
Boat	ボート
Bus	バス
Car	車
Caravan	キャラバン
Engine	エンジン
Ferry	フェリー
Helicopter	ヘリコプター
Motor	モーター
Raft	いかだ
Rocket	ロケット
Scooter	スクーター
Submarine	潜水艦
Subway	地下鉄
Taxi	タクシー
Tires	タイヤ
Tractor	トラクター
Truck	トラック

Visual Arts
ビジュアルアーツ

Architecture	建築
Artist	アーティスト
Chalk	チョーク
Charcoal	炭
Clay	粘土
Composition	構成
Creativity	創造性
Easel	イーゼル
Film	映画
Masterpiece	傑作
Painting	絵画
Pen	ペン
Pencil	鉛筆
Perspective	パースペクティブ
Photograph	写真
Portrait	ポートレート
Pottery	陶器
Sculpture	彫刻
Stencil	ステンシル
Wax	ワックス

Water
水

Canal	運河
Damp	湿った
Evaporation	蒸発
Flood	洪水
Frost	霜
Geyser	間欠泉
Humidity	湿度
Hurricane	ハリケーン
Ice	氷
Irrigation	灌漑
Lake	湖
Moisture	水分
Monsoon	モンスーン
Ocean	海洋
Rain	雨
River	川
Shower	シャワー
Snow	雪
Steam	蒸気
Waves	波

Weather
天気

Atmosphere	雰囲気
Breeze	そよ風
Climate	気候
Cloud	雲
Drought	旱魃
Dry	ドライ
Fog	霧
Hurricane	ハリケーン
Ice	氷
Lightning	稲妻
Monsoon	モンスーン
Polar	極性
Rainbow	虹
Sky	空
Storm	嵐
Temperature	温度
Thunder	雷
Tornado	竜巻
Tropical	トロピカル
Wind	風

Congratulations

You made it!

We hope you enjoyed this book as much as we enjoyed making it. We do our best to make high quality games.
These puzzles are designed in a clever way for you to learn actively while having fun!

Did you love them?

A Simple Request

Our books exist thanks your reviews. Could you help us by leaving one now?

Here is a short link which will take you to your order review page:

BestBooksActivity.com/Review50

MONSTER CHALLENGE!

Challenge #1

Ready for Your Bonus Game? We use them all the time but they are not so easy to find. Here are **Synonyms**!

Note 5 words you discovered in each of the Puzzles noted below (#21, #36, #76) and try to find 2 synonyms for each word.

Note 5 Words from ***Puzzle 21***

Words	Synonym 1	Synonym 2

Note 5 Words from ***Puzzle 36***

Words	Synonym 1	Synonym 2

Note 5 Words from ***Puzzle 76***

Words	Synonym 1	Synonym 2

Challenge #2

Now that you are warmed-up, note 5 words you discovered in each Puzzle noted below (#9, #17, #25) and try to find 2 antonyms for each word. How many lines can you do in 20 minutes?

Note 5 Words from ***Puzzle 9***

Words	Antonym 1	Antonym 2

Note 5 Words from ***Puzzle 17***

Words	Antonym 1	Antonym 2

Note 5 Words from ***Puzzle 25***

Words	Antonym 1	Antonym 2

Challenge #3

Wonderful, this monster  challenge is nothing to you!

Ready for the last one? Choose your 10 favorite words discovered in any of the Puzzles and note them below.

1.	6.
2.	7.
3.	8.
4.	9.
5.	10.

Now, using these words and within a maximum of six sentences, your challenge is to compose a text about a person, animal or place that you love!

Tip: You can use the last blank page of this book as a draft!

Your Writing:

NOTEBOOK:

SEE YOU SOON!

Linguas Classics Team

www.ingramcontent.com/pod-product-compliance
Lightning Source LLC
LaVergne TN
LVHW060317080526
838202LV00053B/4355
* 9 7 8 2 3 8 5 1 1 0 7 8 9 *